集刊 集人文社科之思 刊专业学术之声

集 刊 名：会计论坛

主办单位：中南财经政法大学会计研究所

本辑责任编辑：吕敏康

ACCOUNTING FORUM Vol.19, No.2, 2020

顾　　问（按姓氏拼音字母顺序排序）

陈毓圭　冯淑萍　高一斌　郭复初　王松年　吴联生　于玉林　于增彪

编 委 会

主　　任　郭道扬

副 主 任　张龙平　张志宏　王雄元

委　　员　郭道扬　罗　飞　张龙平　唐国平　张敦力　王雄元　张志宏　王　华

　　　　　　郭　飞　王昌锐　张　琦　冉明东　何威风　詹　雷

编 辑 部

主　　任　李燕媛

编　　辑　康　均　冉明东　吕敏康

编　　辑　《会计论坛》编辑部

电　　话　（027）88386078

传　　真　（027）88386515

电子邮箱　kjltzuel@foxmail.com

通讯地址　中国·武汉市·东湖高新技术开发区南湖大道 182 号

　　　　　　中南财经政法大学会计学院文泉楼南 607 室

邮政编码　430073

第19卷，第2辑，2020年

集刊序列号：PIJ-2019-411

中国集刊网：www.jikan.com.cn

集刊投约稿平台：www.iedol.cn

中国社会科学引文索引（CSSCI）来源集刊
中国学术辑刊数据库（CNKI）入选辑刊

会 计 论 坛
ACCOUNTING FORUM

第 19 卷　第 2 辑　2020 年　／　Vol.19, No.2, 2020　／　（总第 38 辑）

中南财经政法大学会计研究所　编
ACCOUNTING INSTITUTE
ZHONGNAN UNIVERSITY OF ECONOMICS AND LAW

社会科学文献出版社
SOCIAL SCIENCES ACADEMIC PRESS (CHINA)

第 19 卷，第 2 辑，2020 年
Vol. 19 , No. 2 , 2020

会 计 论 坛

Accounting Forum

目　录

第 19 卷，第 2 辑，2020 年

Vol. 19, No. 2, 2020

会 计 论 坛

Accounting Forum

CONTENTS

第 19 卷，第 2 辑，2020 年
Vol. 19，No. 2，2020

会 计 论 坛
Accounting Forum

企业声誉与投资效率：促进还是抑制 *

张　蕊　张　越

【摘　要】本文基于"有效契约假说"与"寻租效应假说"两种理论，以2007~2018 年我国上市企业为样本，实证检验企业声誉对投资效率的影响。研究发现，拥有良好声誉的企业能够促进投资效率的提高，符合"有效契约假说"。进一步从外部社会条件与内部经营状况的角度考察声誉机制的效果，发现企业声誉对投资效率的改善作用受到法制水平、经济政策不确定性与亏损情况的不同程度影响。本文结论补充和拓展了声誉机制关于"有效契约假说"的研究，亦为利益相关者决策提供了有益参考。

【关键词】企业声誉；投资效率；代理成本；信息不对称

一、引言

在过去的几十年里，中国实现了从一穷二白到世界第二大经济体的重要变迁，但在经济总量稳步增长的同时，资本回报率的表现不尽如人意。自 2008 年国际金

收稿日期：2020 - 04 - 30

作者简介：张蕊，女，江西财经大学会计发展研究中心教授，zhangr_ 99@163.com；张越，男，江西财经大学会计学院博士研究生。

* 作者感谢审稿人对本文的宝贵意见，但文责自负。

融危机以来，我国的资本回报率均值保持在 5% 左右，仅比同期国债率高 1.5 个百分点，反映出投资效率低下的严峻事实（梁中华，2019）。企业投资是宏观经济增长的微观基础，如何优化企业投资决策、促进资源配置效率提升，成为资本市场亟待解决的重要问题。现有研究认为，契约双方的代理冲突与信息不对称是企业投资效率低下的主要原因（Myers and Majluf，1984；Jensen and Meckling，1976）。一方面，由于代理人与委托人的效用函数不同，代理人可能做出损害委托人利益而对自身有益的机会主义行为，使得企业的投资决策逐渐偏离企业价值最大化的目标。另一方面，信息不对称引发了道德风险与逆向选择问题，导致委托人难以对代理人进行有效约束，企业也无法获得与其表现相匹配的资源。因此，建立完善的契约执行机制，是确保代理人恪尽职守、提高市场的资源配置效率并最终改善投资效率的重要前提。

一般而言，契约执行机制可以分为两类：一类是基于法律的公开执行机制；另一类是基于声誉的私人执行机制（Macaulay，1963；Greif，2004）。在新古典经济学的框架下，由于契约是完备的，仅依赖完善的法律体系便可使契约得到有效执行。但在现实生活中，法律法规往往并不是完善的，契约执行受法律制度的约束有限。因此，声誉机制逐渐弥补了法律机制不完善的空白（雷宇，2016）。但现有研究对声誉机制的评价尚未统一：一种观点认为，声誉是确保契约执行的有效机制，也就是"有效契约假说"（郭葆春和徐露，2015）；另一种观点认为，企业声誉其实是契约方采取机会主义行为的"保护伞"，在声誉的掩盖下，代理人可以更加猖獗地从事寻租活动，即"寻租效应假说"（Francis，Huang and Rajgopal et al.，2008）。虽然各执一词，但不可否认声誉机制的影响力早已遍布整个资本市场。从安然造假事件、毒奶粉危机再到如今的瑞幸财报虚构，这些真实案例无一不在强调声誉对于企业发展的重要性。那么，声誉作为一种契约执行机制，是否会影响投资效率这一契约执行的重要内容？两者之间的联系更符合哪一种假说？进一步地，当声誉机制依赖的社会条件无法得到满足时，它是否依旧能够发挥作用？若企业面临着不同的经营状况，其声誉究竟会如何影响投资效率？现有文献对此并未给出明确的答案。

有鉴于此，本文以我国 2007～2018 年沪深两市 A 股上市企业为研究对象，综合考察企业声誉对投资效率的影响。研究结果表明，企业声誉与投资效率之间的关系更符合"有效契约假说"的观点，即企业声誉能够促进投资效率的提高。进一步地，从外部社会条件的角度考虑，严格的法律法规能够促进企业声誉对投资效率的改善作用，但经济政策不确定性会削弱声誉机制对企业投资的正面影响；从内部经营状况的角度出发，当企业遭遇亏损时，声誉机制对投资效率的改善作用更佳。

本文可能的贡献在于：其一，有关企业声誉经济后果的研究主要聚焦于企业的财务行为，但鲜有文献涉及投资效率这一财务决策的重要结果，本文以投资效率为切入口，丰富了企业声誉经济后果与投资效率影响因素的相关研究；其二，进一步论证了两者关系在不同情景下的变化，在深化本文的逻辑分析框架的同时，也有助于利益相关者更清晰地了解声誉机制的有益影响；其三，虽然有关声誉机制经济后果的研究早已硕果颇丰，但尚未对声誉机制的作用形成统一评价，本文基于企业投资的角度，为声誉机制的"有效契约假说"提供了经验证据的支撑，对相关领域的研究具有参考价值。

二、理论分析与研究假设

在契约关系中，签订者的寻租动机受到履约条件的约束。为了避免承担违约成本，签订者必然减少机会主义行为，履行自己对契约方做出的承诺（贾生华和吴波，2004）。在假定契约具有完备性的前提下，仅需完善的法律制度便可确保契约得到有效执行。但在现实生活中，法律法规存在着一定缺陷，导致它们丧失了对签订者履约的绝对保证。因此，基于声誉的私人执行机制遂弥补了现有公开执行机制的不足。早期研究认为，信息不对称是声誉诞生的主要原因。它能够促进交易方之间的信息沟通，缓解信息不对称对交易成本造成的负面影响（Kreps，Milgrom and Roberts et al.，1982）。因此，声誉较好的企业往往具有出色的业绩（Roberts and Dowling，2002）。César（1997）从声誉形成的视角探讨了企业贷款成本与规模的变化机制，得出良好声誉将帮助企业弱化融资约束的结论。亦有学者认为，声誉机制不仅能够帮助企业解决融资问题，也能对代理人形成有效约束（Hosmer，1995）。Dyck、Volchkova 和 Zingales（2008）则直接指出，企业声誉是降低代理成本的重要机制。吴元元（2012）认为，企业声誉能够通过契约方"用脚投票"的隐性威胁约束代理人，从而抑制企业的盈余管理活动。管考磊和张蕊（2016）进一步发现，声誉机制不仅能够减少企业的应计盈余管理行为，也能够降低其真实盈余管理水平。马德功、雷淳和贺康（2019）则从避税的角度出发，为企业声誉降低代理成本与信息不对称的功能提供了补充证据，并得出声誉机制能够抑制避税活动的结论。为了进一步阐明声誉对企业的重要性，学者们也围绕着声誉下降的后果进行了有益讨论。事实上，声誉是企业对自身高质量信息的一种担保和抵押，需要长期努力与巨额支出（Rogerson，1983；Tadelis，1999）。即便声誉能够为企业带来诸多利益，若出现折损声誉的行为，企业便可能遭受巨额损失，甚至仅需一次财务丑闻便可能导致破产倒闭（张维迎，2002）。Zavyalova、Pfarrer 和 Reger 等（2016）提出了类似的观点，认为当企业无法向外部契约方提供与其声誉相匹配的表现时，企业声誉便会受损，引发更多的负面效应。因此，出于维护良好声誉的迫切需求，企业可能通过技术创新等举措迎合外部契约方（Hoflinger，Nagel and Sandner，2017）。例如，通过研发投入证明管理层的能力（刘睿智和张鲁秀，2018）；或者，在并购活动中支付更高的并购溢价，以维护企业塑造的良好形象（王雅茹和刘淑莲，2020）。

随着相关研究的不断深入，学术界对声誉机制的评价逐渐形成了"有效契约假说"和"寻租效应假说"两种观点。"有效契约假说"认为，信息不对称是影响外部契约方与企业签订或终止契约的重要因素。相较于企业自身，股东、债权人和潜在投资者等外部契约方可掌握的决策信息更少，难以对企业的经营状况做出有效判断。因此，企业以往的综合表现成为社会各界评价其优劣的重要依据，并最终形成企业声誉的基础（Petkova，Wadhwa and Yao et al.，2014）。对于外部契约方而言，声誉相当于一项简化的类型显示机制和甄别机制（MacGregor，Slovic and Dreman et al.，2000；缪荣和茅宁，2006），它能够为外部契约方提供企业的特征、类型等不同层面的信息，从而降低企业与外部契约方之间的信息不对称。通过建立良好的声誉，企业更易于从供应商、客户等利益相关者处获得支持与信赖（缪荣和茅宁，2007）。投资者在进行决策时，也往往会将企业声誉作为重要的参考依据（Dowling，2006）。借助声誉机制的信号传递功能，外部契约方能够更清晰地甄别优质与劣质企业，帮助企业获得与其表现相匹配的资源，从而缓解逆向选择对企业投资造成的负面影响。而且，声誉不仅能向市场传递企业真实可靠的积极信号，减少投资者的交易成本和投资风险，也能够抑制管理层的机会主义行为（Hosmer，1995）。随着信息不对称程度的降低，代理人将不再具有私有信息的优势，其寻租行为也更易于被外部契约方发现与观察。即便代理人具有从投资决策中攫取利益的动机，也会因声誉机制的约束而减少不当决策，并选择更符合企业利益的投资方案。同时，对于代理人而言，企业声誉下降无疑也会影响其劳动契约的存续情况，只有维护企业日积月累的声誉资本，代理人才能保障自身的工作前景与未来发展。因此，企业声誉的提高将有助于代理人抑制其投资决策中的寻租动机。综上所述，在"有效契约假说"的观点下，企业声誉应当能够缓解信息不对称与代理冲突对投资活动造成的负面影响，改善企业投资效率。

与"有效契约假说"相反，"寻租效应假说"认为企业声誉事实上成为代理人从事寻租活动的工具和手段。所有权与经营权的分离使代理人能够掌握更多的企业资源，当声誉为企业积累了足够的资本时，代理人可以通过复杂的交易和手段掩盖其机会主义行为，从而获取私人利益。如 Mailath 和 Samuelson（2001）指出，企业在未能积累足够的声誉时会努力建立声誉，但在拥有良好的声誉之后便会松懈，享受自己的劳动果实。在这种情况下，良好的声誉反而可能引发"搭便车"现象，即代理人不愿意选择收益高但风险并存的投资项目，导致投资不足。而且，声誉机制发挥作用的关键在于，签订契约的双方愿意放弃违约带来的短期利益，从而追求更长远的利益。但这一机制的发挥依赖于严格的社会条件：第一，契约方之间必须保持重复的交易；第二，契约各方对长期利益具有足够的耐心；第三，市场能够及时并准确地传递有关契约方的声誉信息，使得契约方的违约行为能够被及时观察到；第四，契约方有能力并且有意愿对违约方采取惩罚措施（吴元元，2012）。如若上述条件无法完全满足，便可能影响契约执行的效果。我国的资本市场起步较晚，虽然在过去几十年中取得了迅速发展，但依然存在着信息不对称严重、投资者非理性情绪浓厚等诸多问题（陈炜，2004）。由于缺乏足够的专业知识，大部分的投资者难以分辨资本市场中的众多噪声，导致声誉信息可能无法在资本市场中及时并准确地传递。此外，我国资本市场的信息披露机制以及法律法规尚不完善，代理人的违约成本远低于违约收益。即便外部契约方能够观察到并且有意愿惩罚代理人的违约行为，可能也难以对代理人采取有效的惩罚手段。在这种情况下，企业声誉非但不能对代理人形成有效约束，反而可能成为代理人进行寻租的"保护伞"和"护身符"。凭借声誉的掩护，代理人可以通过盈余管理等方式将企业的经营成果与社会资源转移到自己手中，从而损害其他契约方的利益（雷光勇，2004）。比如，利用企业资源构建属于代理人自身的商业帝国，最终导致过度投资。换言之，在"寻租效应假说"的观点下，良好的企业声誉将导致投资效率的下降。

综合以上分析，企业声誉对投资效率的影响存在着两种可能性，据此本文提出以下竞争性假设：

H1a：保持其他条件不变，企业声誉与投资效率之间存在着显著正相关关系。

H1b：保持其他条件不变，企业声誉与投资效率之间存在着显著负相关关系。

三、研究设计

（一）样本选择和数据来源

我国于 2007 年开始实行新会计准则，为了确保各指标的可比性，本文选取 2007 ~ 2018 年的沪深 A 股上市企业作为研究样本，样本数据主要来自国泰安数据库（CSMAR），并且参考以往文献执行了以下程序对样本进行筛选：（1）剔除金融、保险行业企业；（2）剔除样本期内属于 ST 或 *ST 类的企业；（3）剔除关键财务数据缺失的企业。最终获得了 14259 个观测值。此外，为了减少极端值对分析结果造成的偏误，本文对所有连续变量在 1% 和 99% 分位上进行了缩尾处理。

（二）关键变量的衡量

1. 投资效率

参考 Richardson（2006）、张会丽和陆正飞（2012）的研究，利用模型（1）计算投资效率：

$$Inv_{i,t} = \alpha_0 + \alpha_1 Inv_{i,t-1} + \alpha_2 Size_{i,t-1} + \alpha_3 Cash_{i,t} + \alpha_4 Lev_{i,t} + \alpha_5 Age_{i,t} + \alpha_6 Ret_{i,t} + \alpha_7 Tobinq_{i,t}$$
$$+ \sum Year + \sum Industry + \varepsilon \tag{1}$$

其中，Inv 表示企业的投资水平，借鉴钟海燕、冉茂盛和文守逊（2010）的研究，$Inv =$（购建固定资产、无形资产和其他长期资产支付的现金 − 处置固定资产、无形资产和其他长期资产收回的现金净额）/期初总资产；其他变量为企业规模（$Size$）、现金持有率（$Cash$）、资产负债率（Lev）、企业年龄（Age）、股票收益率（Ret）和成长能力（$Tobinq$）；ε 为模型残差，将其取绝对值作为投资效率（$Absinv$）的度量。投资效率的数值越大，意味着企业的投资效率越低，反之越高。

2. 企业声誉

参考管考磊和张蕊（2016）、常丽娟和屈雯（2015）的研究，本文以构建声誉评价体系的方式度量企业声誉（$Repu$）。具体地，在综合考虑企业声誉要素的基础上，从消费者和社会、股东、债权人与企业自身4个角度选取12个指标构建声誉指数：在消费者和社会方面，衡量指标包括企业资产、企业价值、收入和净利润；在股东方面，衡量指标包括每股股利、每股收益与是否选择四大会计师事务所；在债权人方面，衡量指标包括流动比率、长期负债比与资产负债率；在企业自身方面，衡量指标包括可持续发展率与独立董事比例。本文对以上12个指标进行因子分析得出企业的综合得分，并按照年度与行业进行分组。在此基础上，根据声誉的得分将企业从低到高分为十组，从第一组到第十组，组别越高，企业声誉越高。

（三）模型设计

参考刘行和叶康涛（2013）的研究，本文构建模型（2）检验主假设：

$$Absinv_{i,t+1} = \alpha_0 + \alpha_1 Repu_{i,t} + \alpha_2 Size_{i,t} + \alpha_3 Roa_{i,t} + \alpha_4 Lev_{i,t} + \alpha_5 Dd_{i,t} + \alpha_6 Age_{i,t} + \alpha_7 Mgt_{i,t}$$
$$+ \alpha_8 Shrz_{i,t} + \alpha_9 Ocf_{i,t} + \alpha_{10} Cpar_{i,t} + \varepsilon \tag{2}$$

模型（2）用于检验假设 H1a 与假设 H1b，其中主要关注解释变量 $Repu$ 的回归系数 α_1，若 α_1 显著为负，则支持假设 H1a 的猜想，表明拥有良好声誉的企业能够改善投资效率，符合"有效契约假说"；若 α_1 显著为正，则支持假设 H1b 的猜想，表明拥有良好声誉的企业反而投资效率更低，符合"寻租效应假说"。

参考刘行和叶康涛（2013）的研究，本文选取了企业规模（$Size$）、资产报酬率（Roa）、资产负债率（Lev）、独董比例（Dd）、企业年龄（Age）、董监高持股比例（Mgt）、股权集中度（$Shrz$）、现金流量比率（Ocf）以及资本保值增值率（$Cpar$）作为控制变量。除此之外，本文还在模型中控制了稳健标准误，并在企业个体层面进行 Cluster 处理。具体的变量定义如表1所示。

表1　变量定义

变量类型	变量符号	变量名称	变量定义
被解释变量	Absinv	投资效率	详见正文
解释变量	Repu	企业声誉	详见正文
控制变量	Size	企业规模	企业当年年末资产总额的自然对数
	Roa	资产报酬率	企业当年年末净利润除以资产总额
	Lev	资产负债率	企业当年年末企业负债总计除以资产总额
	Dd	独董比例	企业当年年末独立董事人数与董事会总人数之比
	Age	企业年龄	企业上市年限的自然对数
	Mgt	董监高持股比例	企业当年年末董监高持股数量除以总股数
	Shrz	股权集中度	企业当年年末第一大股东与第二大股东持股比例之比
	Ocf	现金流量比率	企业当年经营活动产生的现金净流量与流动负债之比
	Cpar	资本保值增值率	企业当年所有者权益与上年所有者权益之比

四、实证检验

（一）描述性统计

表2所示为样本变量的描述性统计结果。由表2可知，投资效率（Absinv）的均值与标准差均为0.050，表明样本企业的投资效率尚可，且不同企业之间的投资效率较为相近。企业声誉（Repu）的均值为5.490，标准差为2.900，表明样本企业的声誉虽然总体水平较高，但不同企业之间存在着较大差异。其他控制变量的描述性统计结果大多与前人研究一致，不再赘述。

表2　描述性统计

变量名称	均值	标准差	最小值	中位数	最大值
Absinv	0.050	0.050	0	0.030	0.340
Repu	5.490	2.900	1	5	10
Size	22.18	1.270	19.67	22.02	26.05
Roa	0.090	0.070	0	0.080	0.340
Lev	0.460	0.200	0.060	0.460	0.860
Dd	0.370	0.050	0.300	0.330	0.570
Age	2.100	0.830		2.400	3.140
Mgt	0.110	0.250	0	0	1.140
Shrz	13.36	22.77	1.020	4.770	143.0
Ocf	0.210	0.360	− 0.580	0.140	1.810
Cpar	1.180	0.320	0.840	1.080	3.010

（二）回归分析

表 3 所示为主检验的回归结果。

表 3　多元回归结果

变量	第 1 列	第 2 列	第 3 列
Repu	−0.001 *** (−2.58)	−0.001 * (−1.92)	−0.001 ** (−2.34)
Size		−0.006 *** (−7.43)	−0.005 *** (−6.26)
Roa		0.029 ** (2.17)	0.030 ** (2.47)
Lev		0.013 *** (2.89)	0.010 ** (2.55)
Dd		0.036 ** (2.14)	0.046 *** (3.63)
Age		−0.004 *** (−4.18)	−0.002 *** (−3.07)
Mgt		−0.010 *** (−3.54)	−0.001 (−0.42)
Shrz		−0.001 (−0.28)	−0.001 (−1.13)
Ocf		0.013 *** (5.71)	0.007 *** (3.39)
Cpar		0.001 *** (5.33)	0.010 *** (5.61)
_cons	0.060 *** (11.16)	0.153 *** (8.44)	0.127 *** (7.77)
行业	控制	不控制	控制
年度	控制	不控制	控制
样本量(个)	14259	14259	14259
$Adj - R^2$	0.179	0.029	0.195

注：括号内为 t 值；***、** 和 * 分别表示在 1%、5% 和 10% 的水平上显著，下文同。

　　在表 3 第 1 列中，本文基于模型（2）只加入了企业声誉（Repu）与年度、行业固定效应。表 3 第 1 列显示，企业声誉（Repu）的回归系数为 −0.001，在 1% 的水平上显著。在表 3 第 2 列中，本文基于模型（2）只加入了企业声誉（Repu）与企业层面的控制变量。表 3 第 2 列显示，企业声誉（Repu）的回归系数为 −0.001，在 10% 的水平上显著。在表 3 第 3 列中，本文将整个模型（2）进行回归。回归结果显示，企业声誉（Repu）的回归系数为 −0.001，在 5% 的水平上显著。方差膨胀因子（VIF）均值为 2.85，小于 10，表明多重共线性不会对该回归结果造成严重偏误。

以上检验结果均与假设 H1a 的预期一致。该回归结果表明，声誉能够充分发挥契约执行机制的作用，帮助企业履行对其他契约方的重要承诺，并最终对企业的投资活动产生正面影响，提升资源配置效率。这与"有效契约假说"的观点一致，即良好的企业声誉能够促进契约的履行，改善企业的投资决策。以上结果也恰好说明，企业声誉并非代理人从事机会主义行为的"保护伞"。

五、进一步研究

如前所述，企业声誉发挥作用需要满足一定的社会条件。那么，当企业面临着不同的社会环境时，企业声誉对投资效率的影响是否会有所改变？另外，不同企业之间的经营状况存在着差异，投资者对企业的印象也自然有所不同。那么，经营状况的差异是否会导致企业声誉对投资效率的有益影响产生变化？本文将从社会条件与经营状况的角度出发，进一步分析企业声誉与投资效率之间的联系。

（一）法制水平、企业声誉与投资效率

已有研究表明，基于声誉的私人执行机制与基于法律的公开执行机制均为促进契约执行的有效保障。那么，当企业处于法律环境水平较高的地区时，企业声誉是否依然能够发挥私人执行机制的作用，改善投资效率？理论上而言，声誉机制是对法律制度缺陷的弥补。法制水平的提升将提高契约签订者的违约成本，促使签订者履行对其他契约方的承诺。此时，声誉机制的作用可能被法律制度所掩盖，导致它对投资效率的改善作用并不明显。但如前所述，声誉机制发挥作用需要满足特定的社会条件，即足够的交易频率、契约方对长期利益的耐心、声誉信息的及时传递与契约方的惩罚措施。当法制水平较高时，资本市场的信息环境更加透明，向契约方提供的决策信息也更加真实可靠，从而为契约方与企业之间的持续交易建立坚实基础。同时，严格的法律法规能够保证契约方向企业实施监督的权利，一旦企业出现违约行为，便可能被契约方发现并得到惩罚。也正因潜在惩罚足够可信，企业会避免短期行为以维系契约方的支持，使契约方对长期利益更具耐心。综上所述，在法制水平较高的地区，由于声誉机制所依赖的社会条件得到了保障，它对投资效率的改善作用可能更佳。本文借鉴《中国分省份市场化指数报告（2018）》（王小鲁、樊纲和胡李鹏，2019；以下简称《报告》）提供的各地区法律制度环境排名度量法制环境。由于该报告只涵盖 2008～2016 年，本文在借鉴 2008 年数据的基础上，将 2007 年不同地区的法制环境评分进行排序，并根据 2014～2016 年的排名平均增长率推算出 2017 年的法制环境排名，排名越靠前，则法制环境越好，反之越差。在此基础上，使用分年度城市计算的法制环境排名中位数（Law），若排名小于等于中位数则取值为 1，即法制水平较高；否则为 0，即法制水平较低。最后，将回归结果置于表 4 第 1 列，结果显示，企业声誉与法制水平的交乘

项（Law × Repu）在1%的水平上与投资效率（Absinv）负相关，表明法律机制与声誉机制的相互作用能够进一步优化企业的投资决策，并最终改善投资效率。

表 4　进一步研究的回归结果

变量	第 1 列	第 2 列	第 3 列
	法制水平	经济政策不确定性	亏损情况
Repu	0.006 ** (2.37)	− 0.002 *** (− 4.51)	− 0.001 * (− 1.91)
Law × Repu	− 0.007 *** (− 2.64)		
Law	0.037 *** (3.93)		
Epu × Repu		0.001 *** (3.72)	
Epu		− 0.007 *** (− 7.12)	
Preloss × Repu			− 0.002 *** (− 3.05)
Preloss			0.007 ** (− 2.45)
Size	− 0.005 *** (− 6.25)	− 0.005 *** (− 8.25)	− 0.005 *** (− 6.16)
Roa	0.029 ** (− 2.39)	0.0310 *** (− 3.22)	0.029 ** (− 2.42)
Lev	0.010 *** (− 2.58)	0.0097 *** (− 3.06)	0.001 ** (− 2.39)
Dd	0.045 *** (− 3.58)	0.0460 *** (− 4.84)	0.046 *** (− 3.67)
Age	− 0.003 *** (− 3.06)	− 0.0025 *** (− 4.14)	− 0.003 *** (− 3.08)
Mgt	− 0.001 (− 0.41)	− 0.001 (− 0.59)	− 0.001 (− 0.41)
Shrz	0.001 (− 1.19)	0.001 (− 1.44)	0.002 (− 1.13)
Ocf	0.007 *** (− 3.43)	0.0064 *** (− 4.13)	0.006 *** (− 3.32)
Cpar	0.010 *** (− 5.59)	0.0102 *** (− 5.97)	0.010 *** (− 5.61)
_cons	0.091 *** (− 5.00)	0.136 *** (− 11.19)	0.125 *** (− 7.65)

续表

变量	第 1 列	第 2 列	第 3 列
	法制水平	经济政策不确定性	亏损情况
行业	控制	控制	控制
年度	控制	控制	控制
样本量（个）	14259	14259	14259
$Adj - R^2$	0.196	0.196	0.196

（二）经济政策不确定性、企业声誉与投资效率

良好的经济政策是确保资本市场稳定发展的重要前提。但经济政策的频繁变更也容易导致不确定性上升，进而影响外部契约方与企业之间的有效沟通。当市场面临着较为严重的经济政策不确定性时，投资者将无法对企业的前景做出有效判断，债权人在进行放款时也会变得尤为谨慎（饶品贵、岳衡和姜国华，2017）。因此，外部契约方可能失去对企业的耐心，并降低与企业的合作频率。随着经济政策不确定性的上升，企业自身也面临着严重的信息不对称（杨志强和李增泉，2018），即便企业产生了足够的声誉信息，可能也无法有效传递给外部契约方。进一步地，信息不对称程度的上升可能使外部契约方难以判断代理人的投资决策究竟是应对政策的及时调整，还是谋取私利的机会主义行为。由于缺少足够的判断依据对违约行为实施惩罚，声誉机制也可能丧失其威胁效应。综上所述，当企业面临着较高的经济政策不确定性时，声誉机制所依赖的社会条件可能无法得到满足，它对投资效率的改善作用也就无从谈起。本文借鉴 Baker、Bloom 和 Davis（2016）以及饶品贵、岳衡和姜国华（2017）的研究，利用《南华晚报》提供的报道信息计算经济政策不确定性。以上分析的检验结果见表 4第 2 列，结果显示，企业声誉与经济政策不确定性的交乘项（$Epu \times Repu$）在 1% 的水平上与投资效率（$Absinv$）正相关，表明经济政策不确定性对声誉机制起到了抑制作用，削弱了声誉机制对投资效率的有益影响。

（三）亏损情况的影响：基于经营状况的分析

契约一旦形成，签订契约者必须履行对其他契约方做出的承诺。如若履约方未能达到承诺的条件，意味着其他契约方可能通过终止契约等方式对违约方的失信进行惩罚。在获取外部契约方的认可之前，企业必须证明自身具有持续经营的能力。而企业是否能够存续，在很大程度上取决于盈利能力的强弱。外部契约方在评估企业是否有能力执行契约时，也往往会将盈利能力作为重要的判断标准。如若无法盈利，不仅会影响契约方对企业的认知与印象，也会使契约方对企业管理层的经营能力与努力程度产生怀疑。如前文所述，企业声誉能够反映利益相关者对企业的密切期望（Petkova, Wadhwa and Yao et al., 2014）。如果企业的综合表现无法满足利益相关者，便可能导

致声誉下降，继而对企业经营产生严重的负面影响。换言之，声誉在为企业从其他契约方获取支持的同时，也与企业形成了"一荣俱荣，一损俱损"的紧密联系。倘若企业出现经营亏损的情况，便可能被外部契约方视为企业在未来无法继续履约的信号，进而影响现有契约的稳定性。相应地，企业必须在未来做出比以往更好的表现，才能向其他契约方传递自身依旧具备履约能力的积极信号，从而维护企业与其他契约方之间的重要联系。因此，企业声誉对投资效率的改善作用可能在企业遭遇亏损时更加明显。为验证上述推理，本文构建指标亏损情况（$Preloss$），即企业上年遭遇亏损时赋值为 1，否则为 0。以上分析的检验结果置于表 4 第 3 列，结果显示，亏损情况与企业声誉的交乘项（$Preloss \times Repu$）的回归系数为 −0.002，在 1% 的水平上显著，表明当企业遭遇亏损时，企业声誉能够更加有效地改善投资效率，与本文的预期一致。

六、稳健性检验

（一）内生性问题

根据前文分析结果，企业声誉可以对投资效率产生正面影响，但投资效率高的企业可以改善绩效，有助于企业声誉的提高，存在着反向因果的内生性问题。同时，本文在构建模型时可能遗漏了部分重要变量，存在着遗漏变量的内生性问题。因此，本文拟通过构建工具变量的方式，减少上述内生性问题对本文结果造成的可能偏误。声誉是企业一项重要的无形资产（Tadelis，1999；缪荣和茅宁，2006）。在无形资产的概念中，智力资本是无形资产经济价值的体现，并主要由人力资本、组织资本和关系资本三部分组成。其中，人力资本是指人体所能创造经济价值的总和，包括员工的才能、知识、经验等因素。将其定义为"人才资本"，并指出人才资本是智力资本不可或缺的重要组成部分。在现实生活中，许多知名企业的负责人也在公开场合强调了人才对于企业发展的重要性，表现出"求贤若渴"的态度。[①] 事实上，人才的概念本身就包含众多正面与积极因素，承载着人们的美好期望。因此，人才应当可以认为是影响企业声誉的重要因素。一般而言，人才培养的好坏不仅取决于个人天赋的高低，也依托于环境的优劣。在 20 世纪末，我国为促进"科教兴国"战略的实施，启动了"211 工程"与"985 工程"。与其他高校相比，入选这两个战略工程的学校吸引了更多优秀学生报考，同时此类学校也拥有更多的资源投入对人才的培养当中。值得注意的是，不少企业在招聘过程中也附加了优先考虑"211"与"985"大学学生的条件，表明企业早已将"211"与"985"大学的学生几近等同于"人才"，而大部分学生在寻找工作的过程中，

---

① 例如，2017 年董明珠在第十六届中国企业领袖年会上提到，企业发展一定要注重人才的培养；2019 年马云在湖畔大学的演讲中也强调，人才培养对于企业发展具有重要意义。

往往都会将家乡或者学校所在地作为工作地点，因此当所处城市拥有"211"及"985"高校的数量越多时，企业越可能招聘到这两类高校的学生，从而有助于提高企业的声誉。综合以上分析，本文以企业所处城市拥有上述两类高校的数量作为工具变量进行检验，结果如表5所示。表5显示，在工具变量一阶段的回归结果中，高校数量（Iv）的回归系数为0.008，在1%的水平上显著。在工具变量二阶段的回归结果中，Kleibergen-Paap rk LM ＝11.02（p值＝0.001），通过了工具变量的不可识别检验，最小特征值统计量（minimum eigenvalue statistic）＝12.74 ＞10，通过了弱工具变量检验，且企业声誉（Repu）与投资效率（Absinv）在10%的水平上显著负相关，表明在考虑了内生性问题之后，本文结论依旧保持不变。

表5　工具变量检验

变量	Repu	Absinv
Repu		− 0.016 *
		（− 1.82）
Iv	0.008 ***	
	（3.32）	
控制变量	控制	控制
_cons	− 27.224 ***	− 0.283
	（− 77.09）	（− 1.19）
行业	控制	控制
年度	控制	控制
样本量(个)	14259	14259
Adj − R^2	0.658	0.432

（二）关键变量替代度量

本文对企业声誉和投资效率采用替代度量方式，以重新对假设进行检验。一是参考管考磊和张蕊（2016）的研究，使用基于因子分析方法直接计算的综合得分作为企业声誉的度量，主要回归结果与前文的检验结果保持了一致；二是在计算投资效率时，利用营业收入增长率（Growth）代替成长能力（Tobinq）作为成长机会的度量，结果表明本文的研究结论依然成立。

七、研究结论与政策建议

投资效率是企业盈利能力的重要体现，也是企业履约程度的重要判断标准。本文立足于契约私人执行机制的独特视角，实证检验企业声誉对投资效率的影响。研究结果表明，当企业享有较高的声誉时，投资效率能够得到明显改善。此外，考虑声誉机制依赖的社会条件，严格的法律法规有助于提高声誉机制对投资效率的促进作用，但经济政策不确定性会抑制声誉机制的正面影响；当企业无法盈利时，声誉机制对投资效率的改善作用更加明显。本文认为，作为一项契约执行机制，企业声誉有助于充分加大企业对契约的执行力度，并最终提高企业的资源配置效率。这与"有效契约假说"的观点一致，即享有良好声誉的企业能够做出与其声誉相匹配的优秀表现，做到表里如一。

本文所获取的经验证据对政府监管部门与投资者具有重要启示。对于政府监管部门而言，应通过法律机制与经济政策的"双保险"，为声誉机制发挥作用创造良好条件，从而提高资本市场的运行效率。一方面，需加快资本市场法律法规的完善工作，并积极探索将法律机制与声誉机制相互结合的有效途径。另一方面，在制定经济政策时，应增加与企业的良性沟通，降低政策实施过程中存在的不确定性，以确保经济政策的平稳落地。这不仅能够保障声誉机制依赖的社会条件，也能够令企业充分享用新型政策带来的红利。对于投资者而言，应当尤其重视企业声誉等涉及可持续发展能力的非财务指标，减少投机行为，做出更加全面、理性、长远的投资决策。这不仅有助于降低个人投资风险，也能为优化资本市场环境做出有益贡献。

参考文献

常丽娟，屈雯 . 2015. 声誉效应视角下高管机会主义行为对企业财务绩效水平的影响——来自沪、深 A 股的实证研究 . 工业技术经济，11：131 - 139.

陈炜 . 2004. 资产误定价问题的理论研究和实证分析 . 北京：经济科学出版社 .

管考磊，张蕊 . 2016. 高管薪酬差距会诱发侵占型职务犯罪吗？——来自中国上市公司的经验证据 . 会计研究，9：47 - 54.

郭葆春，徐露 . 2015. 声誉与治理机制影响自愿性审计需求的实证研究：基于内部控制鉴证的分析 . 财经理论与实践，3：90 - 94.

贾生华，吴波 . 2004. 基于声誉的私人契约执行机制 . 南开经济研究，6：16 - 20, 51.

雷光勇 . 2004. 企业会计契约：动态过程与效率 . 经济研究，5：98 - 106.

雷宇 . 2016. 声誉机制的信任基础：危机与重建 . 管理评论，8：225 - 237.

梁中华 . 2019. 中国经济高增速、低利率之谜 . 证券研究报告/宏观策略专题报告 .

刘行，叶康涛 . 2013. 企业的避税活动会影响投资效率吗？ . 会计研究，6：47 - 53.

刘睿智，张鲁秀 . 2018. 企业声誉、研发投入与企业绩效 . 财经问题研究，8：107 - 113.

马德功，雷淳，贺康 . 2019. 企业声誉与税收规避：抑制还是促进 . 财经科学，9：73 - 85.

缪荣，茅宁 . 2006. 公司声誉的形成机制 . 经济管理，15：45 - 48.

缪荣，茅宁 . 2007. 中国公司声誉测量指标构建的实证研究 . 南开管理评论，1：93 - 100.

饶品贵，岳衡，姜国华．2017．经济政策不确定性与企业投资行为研究．世界经济，2：27 - 51．

王小鲁，樊纲，胡李鹏．2019．中国分省份市场化指数报告（2018）．北京：社会科学文献出版社．

王雅茹，刘淑莲．2020．企业声誉与并购溢价决策——基于业绩期望差距的调节效应．北京工商大学学报（社会科学版），1：76 - 89．

吴元元．2012．信息基础、声誉机制与执法优化——食品安全治理的新视野．中国社会科学，6：116 - 134 + 208 - 209．

杨志强，李增泉．2018．混合所有制、环境不确定性与投资效率——基于产权专业化视角．上海财经大学学报（哲学社会科学版），2：4 - 24．

张会丽，陆正飞．2012．现金分布、公司治理与过度投资——基于我国上市公司及其子公司的现金持有状况的考察．管理世界，3：147 - 156 + 194．

张维迎．2002．法律制度的信誉基础．经济研究，1：3 - 13 + 92 - 93．

钟海燕，冉茂盛，文守逊．2010．国有控股、治理特征与公司投资．山西财经大学学报，8：92 - 99．

Baker, S. R., N. Bloom, & S. J. Davis. 2016. Measuring economic policy uncertainty. *The Quarterly Journal of Economics*, 131（4）：1593 - 1636.

César, M. 1997. Small firms, borrowing constraints, and reputation. *Journal of Economic Behavior & Organization*, 33（1）：91 - 105.

Dowling, G. R. 2006. Communicating corporate reputation through stories. *California Management Review*, 49（1）：82 - 100.

Dyck, A., N. Volchkova, & L. Zingales. 2008. The corporate governance role of the media：Evidence from Russia. *Journal of Finance*, 63（3）：1093 - 1135.

Francis, J., A. H. Huang, & S. Rajgopal, et al. 2008. CEO reputation and earnings quality. *Contemporary Accounting Research*, 25（1）：109 - 147.

Greif, A. 2004. Institutions and impersonal exchange：The European experience. *SSRN Electronic Journal*, 158（1）：168.

Hoflinger, P. J., C. Nagel, & P. Sandner. 2017. Reputation for technological innovation：Does it actually cohere with innovative activity? . *Journal of Innovation & Knowledge*, 3（1）：26 - 39.

Hosmer, L. T. 1995. Trust：The connecting link between organizational theory and philosophical. *Academy of Management Review*, 20（2）：379 - 403.

Jensen, M. C., & W. H. Meckling. 1976. Theory of the firm：Managerial behavior, agency costs and ownership structure. *Journal of Financial Economics*, 3（4）：305 - 360.

Kreps, D. M., P. Milgrom, J. Roberts, & R. Wilson. 1982. Rational cooperation in the finitely repeated prisoners' dilemma. *Journal of Economic Theory*, 27（2）：245 - 252.

Macaulay, S. 1963. Non - contractual relations in business：A preliminary study. *American Sociological Review*, 28（1）：55 - 67.

MacGregor, D. G. , P. Slovic, & D. N. Dreman, et al. 2000. Imagery, affect, and financial judgement. *Social Science Electronic Publishing*, 23（2）：172 - 234.

Mailath, G. J. , & L. Samuelson. 2001. Who wants a good reputation? . *Review of Economic Studies*, 68

(2): 415 – 441.

Myers, S. C., & N. S. Majluf. 1984. Corporate financing decisions when firms have information investors do not have. *Journal of Financial Economics*, 13 (2): 187 – 221.

Petkova, A. P., A. Wadhwa, X. Yao, & S. Jain. 2014. Reputation and decision making under ambiguity: A study of U. S. venture capital firms' investments in the emerging clean energy sector. *Academy of Management Journal*, 57 (2): 422 – 448.

Richardson, S. 2006. Over – investment of free cash flow. *Review of Accounting Studies*, 11 (2 – 3): 159 – 189.

Roberts, P. W., & G. R. Dowling. 2002. Corporate reputation and sustained superior financial performance. *Strategic Management Journal*, 23 (12): 1077 – 1093.

Rogerson, W. P. 1983. Reputation and product quality. *The Bell Journal of Economics*, 14 (2): 508.

Tadelis, S. 1999. What's in a name? Reputation as a tradeable asset. *American Economic Review*, 89 (3): 548 – 563.

Zavyalova, A., M. D. Pfarrer, & R. K. Reger, et al. 2016. Reputation as a benefit and a burden? How stakeholders' organizational identification affects the role of reputation following a negative event. *Academy of Management Journal*, 59 (1): 253 – 276.

Corporate Reputation and Investment Efficiency: Promotion or Inhibition

Rui Zhang, Yue Zhang

Abstract: Based on Efficient Contract Theory and Rent-Seeking Theory, taking the listed companies in China from 2007 to 2018 as a sample, this paper tests the relationship between corporate reputation and investment efficiency. The research finds that companies with a good reputation can improve their investment efficiency, which is in line with the efficient contract theory. Considering on the external social conditions and internal operating conditions, further research finds that promotion of corporate reputation on investment efficiency is affected by the level of legal system, uncertainty of economic policy and loss situation. The conclusion of this paper complements the research on Effective Contract Theory of reputation mechanism and provides a useful reference for stakeholders' decision-making.

Keywords: Corporate Reputation; Investment Efficiency; Agency Cost; Information Asymmetry

第 19 卷，第 2 辑，2020 年
Vol. 19, No. 2, 2020

会 计 论 坛
Accounting Forum

《优化营商环境条例》的市场反应研究*

李青原　　李锡培

【摘　要】以 2019 年 10 月 23 日国务院公布的《优化营商环境条例》（简称《条例》）为研究背景，基于 A 股民营上市公司样本，本文运用事件研究法考察了《条例》的资本市场反应。研究发现，《条例》发布期间民营企业有显著为正的累计超额收益率，且营商环境与累计超额收益率之间存在显著的负向关系，但此种关系只存在于无政府背景、行业竞争度较高的企业之中。此外，当样本扩大到 A 股非金融上市公司时，资本市场仍有显著为正的累计超额收益率，且民营企业的累计超额收益率显著高于国有企业。本文建议在《条例》细化和实施的过程中，应重点关注营商环境较差地区的政策落实效果，同时大力推进政商关系改革，着力提升民营企业营商环境。

【关键词】营商环境；市场反应；累计超额收益率

一、引言

营商环境是指企业等市场主体在市场经济活动中所涉及的体制机制性因素和条件，

收稿日期：2020 - 05 - 30

基金项目：国家社会科学基金重大招标项目（18ZDA113）

作者简介：李青原，男，博士，武汉大学经济与管理学院教授；李锡培，男，武汉大学经济与管理学院硕士研究生，ynyllxp605515@163.com。

* 作者感谢审稿人对本文的宝贵意见，但文责自负。

涉及政治、经济、法治、社会、生态等一般环境，以及政企关系、劳动力市场、金融机构等具体环境（宋林霖和何成祥，2018）。营商环境的优劣直接影响市场主体的兴衰、生产要素的聚散、发展动力的强弱（李克强，2019）。近年来，党中央、国务院高度重视深化"放管服"改革、优化营商环境。部分省份、部分城市先行先试，结合实际积极探索，为进一步优化营商环境出台了一系列规章制度，优化营商环境工作取得了显著成效。根据世界银行对全球各国营商环境的排名，2013～2019 年，中国从第 96 位跃升到第 31 位，连续两年被评为全球营商环境改善幅度最大的十个经济体之一。但各地区相关标准、制度不一让市场主体无所适从，这成为制约营商环境优化的桎梏，亟须建立全国统一的标准和制度。在此背景下，2019 年 10 月 23 日，《优化营商环境条例》（以下简称《条例》）正式公布，《条例》分为总则、市场主体保护、市场环境、政务服务、监管执法、法治保障、附则 7 章，共 72 条。《条例》以行政法规的形式将优化营商环境建设全面纳入法制化轨道，对于当前进一步转变政府职能、持续优化营商环境具有重要意义。

近年来，受国际经济环境变化、中美贸易摩擦升级、国内经济发展方式转变、经济增速放缓、金融去杠杆等的叠加影响，民营企业在投资、融资和经营等方面遇到不少的困难和问题。2018 年 11 月，习近平总书记在民营企业座谈会上指出，在我国经济发展进程中，我们要不断为民营经济营造更好发展环境，帮助民营经济解决发展中的困难，支持民营企业改革发展。《条例》的发布就是进一步为民营企业营造良好的法治环境和营商环境。那《条例》会受到资本市场的认可吗？即投资者会将《条例》视为民营企业的利好消息，进而推动民营企业的价值提升吗？产生此种市场反应的原因是什么？不同特征企业会表现出异质性的市场反应吗？对这些问题的回答，对于持续优化营商环境具有重要的实践意义。

国内关于营商环境的实证研究主要分为宏观和微观两个层面。宏观层面上，持续优化营商环境将有效抑制寻租活动、扩大出口、提升政府创新投入绩效、促进城市经济发展（李雪灵、张惺和刘钊等，2012；董志强、魏下海和汤灿晴，2012；史长宽和梁会君，2013；张美莎、徐浩和冯涛，2019）；微观层面上，持续优化营商环境将铲除寻租导致的负面效应，使得企业家将更多的时间投入日常经营管理，而不是对外公关招待，从而促进企业开展创新（魏下海、董志强和张永璟，2015；夏后学、谭清美和白俊红，2019）。由于缺乏外生政策冲击，鲜有文献考察资本市场对持续优化营商环境的反应，而《条例》的发布为探究营商环境优化带来的市场效应提供了良好的研究场景。为此，本文以《条例》制定与发布过程中的重要事件为背景，基于 A 股民营上市公司样本，采用事件研究法和多元回归法检验《条例》的市场反应，首先检验《条例》的总体市场反应，然后检验企业的营商环境、政府背景、行业竞争对企业市场反应的影响。

本文的贡献可能在于：首先，利用事件研究法考察《条例》带来的市场反应，从整体上检验了《条例》的市场反应，市场认同《条例》会给企业带来积极影响，即营商环境优化能够提升企业价值；其次，从不同侧面，分析了不同特征企业之间的市场反应差异，为《条例》的实施和完善提供了市场层面的经验证据。

二、文献回顾与假设提出

在交易存在不确定性的经济社会中，制度发挥着重要作用并影响交易成本的大小，制度环境对企业交易方式乃至投融资行为具有重要影响（Defond and Hung，2004；靳庆鲁、薛爽和郭春生，2010），营商环境则是企业生存和发展过程中最为重要的一系列制度环境的总称。从交易成本来看，以管制为特征的中国市场机制，一方面对市场准入具有筛选作用，阻碍了劣质企业进入市场，节省了社会成本；但另一方面包括行政审批在内的政府管制会增加寻租成本，进而提高制度性交易费用（Stigler，1971；Shleifer and Vishny，1993）。《条例》明确指出要最大限度地减少政府对市场资源的直接配置，最大限度地减少政府对市场活动的直接干预，着力提升政务服务能力和水平。这将切实降低制度性交易成本，进一步激发市场活力和社会创造力，增强企业发展动力。

从企业投资角度来看，投资活动是企业成长的驱动力，也是企业价值创造和发展的源泉（Modigliani and Miller，1958；靳庆鲁、孔祥和侯青川，2012）。处于转型经济阶段的中国，政府不仅对行业准入、新项目开发等都有严格的审批制度，而且在政治锦标赛的激励下地方政府会对辖区企业的投资行为进行频繁干预，辖区企业的投资行为面临较高的制度性交易成本，致使它们偏离资本逐利规律，导致企业非效率投资（赵静和郝颖，2014；孙晓华和李明珊，2016）。这使得民营企业难以进入管制行业，限制了其投资活动，挫伤了它们投资的积极性。此外，企业创新投资也对企业的发展至关重要，夏后学、谭清美和白俊红（2019）研究发现，持续优化营商环境将简化审批流程、取消前置证明以及降低制度性交易成本，使得企业能够直面市场需求快速做出反应，促进企业开展市场创新。《条例》则明确要求持续放宽行业准入，并实行全国统一的市场准入负面清单制度，县级以上地方人民政府深化投资审批制度改革，简化审批手续，提高审批效能。这将大大提高民营企业投资效率，促进民营企业加大创新投资，进而提升企业价值。

从企业融资角度来看，理论上企业会根据自身经营状况及时调整资本结构直至达到最优水平，以实现未来企业价值最大化，但由于市场摩擦等多种因素的存在，企业不可避免会偏离其最优负债水平，致使我国企业短贷长投现象严重（唐国正和刘力，2005；钟凯、程小可和张伟华，2016；王红建、杨筝和阮刚铭等，2018）。另外，由于政府的"偏爱"，国有企业的融资约束显著弱于民营企业，中国企业的融资约束很大程度上来源于政府对市场的干预（邓可斌和曾海舰，2014）。《条例》明确规定各地应严格落实国家各项减税降费政策，鼓励并支持金融机构加大对民营企业的支持力度，降低民营企业综合融资成本，同时促进多层次资本市场规范发展，扩大民营企业直接融资规模。这将使得民营企业内外源融资渠道得到改善，缓解融资约束，加快资本结构的调整，从而提升企业价值。

基于前文分析，本文认为《条例》对于资本市场所有企业而言都是利好消息，尤其是对于民营企业来说，将进一步改善其经营环境、投融资环境，最终提升企业价值。如果资本市场对《条例》做出了准确预期，那么民营上市公司应该具有积极的市场反应。据此我们提出：

H1：《条例》发布期间，民营企业的累计超额收益率为正。

良好的营商环境，是企业顺利发展的先决条件（王小鲁、樊纲和马光荣，2017）。《2019 中国城市营商环境指数评价报告》[①] 显示，全国营商环境排名前十的城市为上海、北京、深圳、广州、南京、武汉、杭州、天津、成都、西安。《条例》中的很多条款都是从这些地方先前成功经验的基础上总结提炼而来，如果企业处于良好的营商环境中，它一般具有更多的人力资源供应、更少的税费负担、更少的寻租活动、更好的法治环境、更好的投融资环境。因此，《条例》可能对处于营商环境较好城市的企业影响较小，对其股票市价的积极影响较小。据此我们提出：

H2：《条例》发布期间，相比于处于营商环境较好地区的企业，处于营商环境较差地区的企业具有更高的累计超额收益率，即企业营商环境与累计超额收益率负相关。

在我国转型经济条件下，政府在资源配置中具有较大的自主权，倾向于将资源分配给国有企业，导致民营企业在融资、投资、税收优惠、财政补贴等方面面临不平等竞争（潘红波和余明桂，2010）。基于这样的背景，许多民营企业将建立政府联系作为破解这种不平等竞争局面的重要手段。许多研究表明，董事、监事、高管的政府背景能够给企业带来投资、融资、税收、股票回报等方面的好处，从而增加企业价值。在民营企业中，有政府背景的企业可以获得更多的银行贷款和财政补贴，它们往往具有

---

① 《2019 中国城市营商环境指数评价报告》由中国战略文化促进会、中国经济传媒协会、万博新经济研究院和第一财经研究院在 2019 年 5 月 11 日举办的"2019 中国营商环境研讨会暨城市营商环境指数发布会"上联合发布。以期更好地推动城市营商环境的优化，为深化供给侧结构性改革、实现经济高质量发展做贡献。

更低的综合税负率、更低的在职消费，并且这些效应在制度环境较差的地区更为显著（Fisman，2001；Adhikari，Derashid and Zhang，2006；Claessens，Feijen and Laeven，2008；Wellman，2017；余明桂、回雅甫和潘红波，2010；孔东民和谭伟强，2011；连军、刘星和杨晋渝，2011；姚圣和徐颂，2014；张奇峰、戴佳君和樊飞，2017）。总的来看，民营企业将建立政府背景作为改善其营商环境的替代手段，有助于降低企业的交易成本，缓解企业融资约束，提高风险承受能力，从而提升企业价值。因此董事、监事、高管具有政府背景的企业受所处地区营商环境的影响可能较小，《条例》发布对其价值的提升效应可能与它所处地区营商环境无显著关系。基于上述分析，我们提出：

  H3：《条例》发布期间，企业营商环境对累计超额收益率的负向影响在企业无政府背景时更为明显。

行业竞争也是企业生存与发展的重要外部环境。虽然反垄断、反不正当竞争的措施在不断推进，《条例》也明确提出要持续放宽行业准入，政府有关部门应当加大反垄断和反不正当竞争执法力度，有效预防和制止市场经济活动中的垄断行为、不正当竞争行为以及滥用行政权力排除、限制竞争的行为，营造公平竞争的市场环境。但是，无论是竞争形成的垄断还是行政力量干预形成的垄断在我国市场依然广泛存在，有学者研究发现，垄断行业的收入显著高于非垄断行业，大多数企业能享受到垄断带来的好处，且垄断行业往往伴随着垄断租金，为维持垄断地位，相当一部分租金被上交给行业政府主管部门（过勇和胡鞍钢，2003；武鹏，2011）。如果企业处在竞争比较激烈的行业中，经营压力较大，破产风险较高，经理人则会投入更多的时间到企业经营上，努力提升企业竞争力，实现股东价值最大化（谭雪，2017）。与假设 H3 逻辑相似，当企业面临的行业竞争程度较低时，企业受所处地区营商环境的影响可能较小，《条例》的发布对其价值的提升效应可能与它所处地区营商环境无显著关系。基于上述分析，我们提出：

  H4：《条例》发布期间，企业营商环境对累计超额收益率的负向影响在行业竞争程度较高时更为明显。

三、研究设计

（一）研究方法

1. 事件研究法

在法律和经济领域，事件研究法常被用于检验法律法规效应（Kothari and

Warner，2007；袁显平和柯大钢，2006)。本文利用事件研究法，考察《条例》发布期间的短期市场反应。具体步骤如下。（1）定义事件与事件窗。根据《条例》征求意见稿发布、审议通过、正式发布 3 个重要节点，本文选择了 3 个重要事件（如表 1所示），选取事件 1 发生前 130 个交易日为估计窗。考虑到现有通信技术的发展以及市场对信息的获取和消化速度大大加快，宏观政策事件对市场造成的影响基本在当日即被消化（李平、高洁和廖静池，2014)，故本文事件窗选取事件日当天与前后各一天（-1,1)。此外，本文为了消除其他干扰事件的影响，参照杨青、王亚男和唐跃军（2018）的研究方法，剔除可能存在干扰事件的事件日，剔除步骤如下：由于事件 1 发生当日为周末，为非交易日，因此将事件窗向后平移一日；事件 2 发生前一日为非交易日，因此只保留事件日当天和后一天。（2）估计正常收益率，本文采用以往研究中广泛采用的市场模型估计正常收益率。（3）计算每个事件窗内的累计超额收益率。

表 1　《条例》相关事件

事件	宣告日	内容	实际事件窗
1	2019 年 7 月 14 日	国家发展改革委牵头会同有关部门研究起草了《优化营商环境条例（征求意见稿)》，向社会公开征求意见	(+1,+2)
2	2019 年 10 月 8 日	国务院总理李克强主持召开国务院常务会议，审议通过《优化营商环境条例（草案)》	(0,+1)
3	2019 年 10 月 23 日	国务院总理李克强签署国务院令，公布《优化营商环境条例》	(-1,+1)

2. 多元回归法

基于《条例》的市场效应，本文建立多元回归模型考察企业营商环境、政府背景、行业竞争度对累计超额收益率的影响：

$$CAR_{id} = \alpha + \beta_1 BE_{id} + \gamma Control_{id} + Date + Industry + \varepsilon_{id} \tag{1}$$

被解释变量是样本公司每个实际事件窗的累计超额收益率（CAR_{id})，解释变量为企业营商环境（BE_{id})，分组变量包括政府背景（PC)、行业竞争度（HHI)，控制变量包括账面市值比（BM)、总资产净利率（ROA)、资产负债率（LEV)、公司规模（$SIZE$)、独董比例（$INDP$)。i 和 d 分别是企业和事件标识，ε_{id} 代表残差，模型还控制了事件、行业的固定效应。

（二）变量定义与度量

1. 累计超额收益率

基于前文的分析，本文采用市场模型估计事件窗中股票的正常收益率：

$$R_{it} = \alpha_i + \beta_i R_{mt} + \varepsilon_{it} \qquad (2)$$

式（2）中 R_{mt} 为市场回报率，考虑到不同市场的差异性，此处为分市场的考虑现金红利再投资的日市场回报率。然后计算每个事件日的超额收益率：

$$AR_{it} = R_{it} - \hat{R}_{it} \qquad (3)$$

最后将事件窗内所有事件日的超额收益率相加得到每个事件窗的累计超额收益率：

$$CAR_{id} = \sum_{t=-1}^{1} AR_{it} \qquad (4)$$

2. 营商环境

本文采取《2019 中国城市的营商环境指数评价报告》中全国经济总量前 100 城市的营商环境指数作为衡量企业营商环境的指标。该报告将营商环境指数评价体系的一级指标分为硬环境指数和软环境指数，权重分别为 40% 和 60%。硬环境具体包括自然环境和基础设施环境 2 个二级指标，11 个三级指标；软环境包括技术创新环境、人才环境、金融环境、文化环境和生活环境 5 个二级指标，24 个三级指标。得分越高，表明营商环境越好。本文按企业所在城市营商环境指数中位数分组，高于中位数取 1，反之取 0。

3. 政府背景

借鉴 Goldman、Rocholl 和 So（2009）的方法，如果民营上市公司的董事、监事、高管满足以下条件之一，本文将其定义为具有政府背景：（1）现任或前任的政府官员；（2）现任或前任的人大代表；（3）现任或前任的政协委员。满足条件取 1，反之取 0。

4. 行业竞争度

本文选择赫芬达尔指数衡量行业竞争度，其值越小，行业竞争越强。具体计算公式为：$HHI = \sum_{i=1}^{N} \left(\dfrac{R_i}{R} \right)^2$，$N$ 表示行业内企业数量，R_i 表示 i 企业的营业收入，R 表示行业内企业营业收入之和。本文按赫芬达尔指数中位数分组，高于中位数取 1，反之取 0。

5. 其他控制变量

参考李青原和黄威（2018）以及杨青、王亚男和唐跃军（2018）的研究，本文控制了上市公司账面市值比（*BM*）、总资产净利率（*ROA*）、资产负债率（*LEV*）、公司规模（*SIZE*）、独董比例（*INDP*）等变量。

具体变量定义如表 2 所示。

表 2　变量定义

变量	变量符号	变量名称	变量定义
被解释变量	CAR	累计超额收益率	通过市场模型计算出的累计超额收益率
解释变量	BE	营商环境	$BE=0$，企业营商环境较差；$BE=1$，企业营商环境较好
分组变量	PC	政府背景	$PC=0$，企业董监高不具有政府背景；$PC=1$，企业董监高具有政府背景
	HHI	行业竞争度	$HHI=0$，企业所处的行业竞争性较强；$HHI=1$，行业趋于垄断
控制变量	BM	账面市值比	企业所有者权益总额/市值
	ROA	总资产净利率	净利润/总资产
	LEV	资产负债率	企业负债/总资产
	SIZE	公司规模	总资产的自然对数
	INDP	独董比例	独立董事人数与董事会人数的比例

注：控制变量和分组变量均根据上市公司 2018 年年报数据计算。

（三）数据来源和样本选择

本文以 A 股民营上市公司为初始研究样本，进行如下处理：（1）剔除金融、保险行业公司；（2）剔除交易状态异常（ST、PT）的公司；（3）剔除事件日停牌和个股收益率数据缺失的公司；（4）剔除数据不全的公司；（5）为避免异常值的影响，对所有连续变量进行上下 1% 的 Winsorize 处理。最终研究样本包括 1664 家民营上市公司，3 个事件日，共 4979 个观测值。本文除实际控制人数据来自 CCER 经济金融数据库外，其他数据均来自国泰安数据库（CSMAR）。

四、实证结果与分析

（一）描述性统计

表 3 列示了主要变量的描述性统计结果。结果显示，样本公司累计超额收益率（CAR）的均值为 0.478%，初步表明民营企业对《条例》的总体市场反应是正向的。此外，其标准差为 3.174，说明各公司之间的累计超额收益率差异较大。行业竞争度（HHI）的均值为 0.183，表明样本中大约 82% 的公司处于竞争性较强的行业。政府背景（PC）的均值为 0.372，表明样本中大约有 37.2% 的公司董监高具有政府背景，该统计结果与以往文献的结果（潘红波和余明桂，2010；连军、刘星和杨晋渝，2011）基本一致。

表 3 主要变量描述性统计

变量	平均数	标准差	25 分位数	中位数	75 分位数
CAR(%)	0.478	3.174	-1.155	0.339	1.851
BE	0.487	0.500	0	0	1
BM	0.696	0.209	0.554	0.705	0.848
ROA	0.029	0.104	0.017	0.043	0.072
LEV	0.386	0.187	0.231	0.377	0.524
SIZE	21.93	1.114	21.11	21.79	22.58
INDP	0.382	0.054	0.333	0.375	0.429
HHI	0.183	0.387	0	0	0
PC	0.372	0.483	0	0	1

（二）《条例》的市场反应分析

1. 单变量分析

表 4 报告了样本公司的市场反应。样本包括 1664 家民营上市公司与 3 个事件日，共 4979 个 CAR 观测值。可以直观地看到资本市场对《条例》的反应总体上是积极的，且营商环境较差企业的累计超额收益率高于营商环境较好企业，验证了假设 H1 和 H2。具体来看，样本公司事件 1、事件 2、事件 3 和加总的累计超额收益率分别为 0.494%、0.458%、0.483% 和 0.478%。T 检验结果显示，每个事件日的累计超额收益率均显著大于 0。从营商环境来看，营商环境较差企业的累计超额收益率平均比营商环境较好企业高 0.283 个百分点，且在 1% 的置信水平上显著。可能的原因是，《条例》颁布以前企业所处的营商环境越好，《条例》对其营商环境优化的增量效应越小，投资者认为《条例》对企业的价值提升效应越弱，故累计超额收益率越低。

表 4 各事件累计超额收益率单变量分析

事件	回归样本	营商环境较差	营商环境较好	差异
事件 1	0.494 ***	0.518 ***	0.468 ***	0.050
	(6.671)	(5.094)	(4.400)	(0.336)
事件 2	0.458 ***	0.763 ***	0.135	0.628 ***
	(5.883)	(6.839)	(1.262)	(4.047)
事件 3	0.483 ***	0.568 ***	0.395 ***	0.173
	(5.915)	(4.789)	(3.522)	(1.053)
加总	0.478 ***	0.616 ***	0.333 ***	0.283 ***
	(10.635)	(9.633)	(5.284)	(3.147)

注：每个单元格中第一行为平均累计超额收益率（%），括号内为 T 统计量；***、**、* 分别表示在 1%、5%、10% 的置信水平上显著。

2. 多元回归分析

为了得到更准确的经验证据，本文对模型（1）进行多元回归分析，回归结果如表5所示。第（1）列报告不考虑控制变量、事件和行业固定效应的回归结果；第（2）列报告考虑控制变量、不考虑事件和行业固定效应的回归结果；第（3）列报告考虑控制变量、事件和行业固定效应的回归结果。观察第（3）列，可以看出营商环境变量的系数估计值为 −0.276，在1%的统计水平上显著。这说明营商环境与累计超额收益率显著负相关，该结论支持了假设 H2。从经济意义来看，营商环境较差企业的累计超额收益率平均比营商环境较好企业高 0.276 个百分点，进一步说明《条例》对营商环境较差企业的价值提升效应更强。

表5　《条例》市场反应多元回归结果

变量	（1）	（2）	（3）
BE	−0.283 ***	−0.240 ***	−0.276 ***
	（−3.141）	（−2.699）	（−3.069）
BM		1.448 ***	1.411 ***
		（5.905）	（5.658）
ROA		−0.562	−0.438
		（−1.204）	（−0.918）
LEV		0.743 **	0.647 **
		（2.540）	（2.133）
SIZE		−0.376 ***	−0.384 ***
		（−7.482）	（−7.669）
INDP		−0.742	−0.680
		（−0.923）	（−0.843）
Constant	0.616 ***	7.848 ***	10.61 ***
	（9.692）	（7.454）	（9.016）
事件	No	No	Yes
行业	No	No	Yes
观测值（个）	4979	4979	4979
R^2	0.002	0.015	0.025

注：括号内是对标准误按照企业层面聚类调整后得到的 T 值；*** 、** 、* 分别表示在1%、5%、10%的置信水平上显著。下文同。

为了进一步验证政府背景、行业竞争度对累计超额收益率的影响，本文进行了分组检验，结果如表6所示。第（1）和第（2）列分别展示了无政府背景组和有政府背景组的回归结果。在无政府背景组（$PC=0$），营商环境与累计超额收益率在1%的置信水平上显著负相关；而在有政府背景组（$PC=1$），营商环境与累计超额收益率无显著相关性,且两组之间营商环境变量的系数差异在5%的置信水平上显著。上述结果表明,《条例》发布期间,相比于董监高具有政府背景的企业,无政府背景企业的营商环境对累计超额收益率的负向影响更为显著,支持了假设H3。从经济意义来看,对于无政府背景企业来说,营商环境较差企业的累计超额收益率平均比营商环境较好企业高0.437个百分点。

表6　《条例》市场反应分组检验

变量	政府背景		行业竞争度	
	(1) $PC = 0$	(2) $PC = 1$	(3) $HHI = 0$	(4) $HHI = 1$
BE	-0.437 ***	-0.063	-0.330 ***	0.025
	(-3.794)	(-0.439)	(-3.366)	(0.110)
BM	1.669 ***	0.997 ***	1.362 ***	1.511 **
	(5.033)	(2.603)	(5.036)	(2.398)
ROA	-0.488	-0.583	-0.382	-0.707
	(-0.736)	(-0.842)	(-0.674)	(-0.794)
LEV	0.632	0.550	0.647 *	0.841
	(1.620)	(1.148)	(1.907)	(1.215)
SIZE	-0.455 ***	-0.260 ***	-0.409 ***	-0.221 *
	(-6.693)	(-3.328)	(-7.377)	(-1.825)
INDP	-0.570	-0.724	-0.208	-2.343
	(-0.540)	(-0.564)	(-0.238)	(-1.186)
Constant	11.96 ***	8.093 ***	9.614 ***	7.742 ***
	(7.312)	(4.560)	(7.200)	(2.956)
事件	Yes	Yes	Yes	Yes
行业	Yes	Yes	Yes	Yes
观测值(个)	3126	1853	4069	910
R²	0.033	0.023	0.023	0.051
组间系数差异(BE)	-0.374 ** (P 值 = 0.027)		-0.355 * (P 值 = 0.061)	

第(3)和第(4)列分别展示了行业竞争度高组和行业竞争度低组的回归结果。在行业竞争度高组($HHI = 0$),营商环境与累计超额收益率在1%的置信水平上显著负相关,而在行业竞争度低组($HHI = 1$),营商环境与累计超额收益率无显著相关性,且两组之间营商环境变量的系数差异在10%的置信水平上显著。上述结果表明,《条例》发布期间,企业营商环境对累计超额收益率的负向影响在行业竞争度高时更为显著,支持了假设H4。从经济意义来看,对于处在竞争度较高行业的企业来说,营商环境较差企业的累计超额收益率平均比营商环境较好企业高0.330个百分点。

五、稳健性检验

为证实研究结论的稳健性，本文做了以下稳健性检验。

第一，基于事件窗选择的稳健性检验。本文选取不同长度的事件窗，选取事件日当天与前后各两天（-2，2）、各三天（-3，3）作为事件窗，按照前文剔除干扰事件的规则，得到实际事件窗，计算其累计超额收益率，分别为 $CAR2$、$CAR3$。更换被解释变量后，回归结果如表7所示。由表7的结果可知，本文得出的研究结论没有实质性变化。

表 7　基于事件窗选择的稳健性检验结果

Panel A:事件窗为（-2,2）;CAR2					
变量	（1）	（2）$PC=0$	（3）$PC=1$	（4）$HHI=0$	（5）$HHI=1$
BE	-0.224 **	-0.335 **	-0.070	-0.316 ***	0.328
	（-2.010）	（-2.374）	（-0.381）	（-2.586）	（1.228）
控制变量	控制	控制	控制	控制	控制
$Constant$	10.63 ***	10.97 ***	9.684 ***	6.513 ***	7.663 **
	（6.908）	（5.239）	（4.057）	（4.343）	（2.355）
事件	Yes	Yes	Yes	Yes	Yes
行业	Yes	Yes	Yes	Yes	Yes
观测值（个）	4976	3124	1852	4065	911
R^2	0.023	0.023	0.032	0.012	0.076
Panel B:事件窗为（-3,3）;CAR3					
变量	（1）	（2）$PC=0$	（3）$PC=1$	（4）$HHI=0$	（5）$HHI=1$
BE	-0.248 *	-0.412 **	0.007	-0.361 **	0.395
	（-1.890）	（-2.428）	（0.035）	（-2.560）	（1.127）
控制变量	控制	控制	控制	控制	控制
$Constant$	8.401 ***	8.447 ***	7.713 ***	4.945 ***	2.496
	（4.809）	（3.533）	（2.861）	（2.895）	（0.603）
事件	Yes	Yes	Yes	Yes	Yes
行业	Yes	Yes	Yes	Yes	Yes
观测值（个）	4974	3123	1851	4064	910
R^2	0.024	0.028	0.026	0.009	0.046

第二，基于正常收益率模型选择的稳健性检验。事件研究中，估计正常收益率的常用模型有三种：不变收益模型、市场模型、市场调整模型。本文在此采用市场调整模型、不变收益模型进行稳健性检验，仍采用（-1，1）的事件窗，得到的累计超额收益率分别为 $CAR4$、$CAR5$。更换被解释变量后，回归结果如表8所示。由表8的结果可知，研究结论没有实质性变化。

表8 基于正常收益率模型选择的稳健性检验结果

Panel A:采用市场调整模型;CAR4

变量	(1)	(2)$PC=0$	(3)$PC=1$	(4)$HHI=0$	(5)$HHI=1$
BE	−0.266***	−0.408***	−0.095	−0.329***	0.066
	(−2.984)	(−3.616)	(−0.652)	(−3.395)	(0.291)
控制变量	控制	控制	控制	控制	控制
Constant	10.81***	12.00***	8.546***	9.000***	9.649***
	(8.444)	(6.851)	(4.369)	(6.797)	(3.548)
事件	Yes	Yes	Yes	Yes	Yes
行业	Yes	Yes	Yes	Yes	Yes
观测值(个)	4979	3126	1853	4069	910
R²	0.025	0.032	0.025	0.022	0.054

Panel B:采用不变收益模型;CAR5

变量	(1)	(2)$PC=0$	(3)$PC=1$	(4)$HHI=0$	(5)$HHI=1$
BE	−0.240***	−0.379***	−0.075	−0.311***	0.133
	(−2.710)	(−3.388)	(−0.516)	(−3.240)	(0.590)
控制变量	控制	控制	控制	控制	控制
Constant	11.99***	13.41***	9.379***	10.09***	10.98***
	(9.354)	(7.597)	(4.862)	(7.693)	(4.091)
事件	Yes	Yes	Yes	Yes	Yes
行业	Yes	Yes	Yes	Yes	Yes
观测值(个)	4979	3126	1853	4069	910
R²	0.045	0.052	0.045	0.044	0.073

第三，基于变量定义和样本选择的稳健性检验。更换营商环境的度量方式，采用《中国分省企业经营环境指数2017年报告》① 中全国各省、自治区、直辖市的企业经营环境总指数评分作为衡量营商环境的指标（BE2）。其指标评价体系包括"政策公开、公平、公正""行政干预与政府廉洁效率""企业经营的法治环境""企业的税费负担""金融服务和融资成本""人力资源供应""基础设施条件""市场环境与中介服务"8个方面的指数，每个方面的指数由3~4个分指数组成，指数越高，表明营商环境越好。本文按各省份营商环境总指数的中位数分组，高于中位数取1，反之取0。由于此指标是省级指标，营商环境变量不存在缺失问题，故本文想进一步验证《条例》是否对A股非金融上市公司也有类似的结论，以证实本文研究结论的稳健性。

---

① 该报告是国民经济研究所系列课题的成果之一，由王小鲁、樊纲和马光荣所著。该报告的目的在于以指数的形式对我国各省、自治区、直辖市的企业经营环境总体状况和各方面状况进行量化评价和比较，报告的数据跨越2015年和2016年，因此在报告中，将结果统称为2016年数据。

单变量分析结果如表 9 所示，全样本包括 3318 家上市公司与 3 个事件日，共 9925 个 *CAR* 观测值。总体来看，全样本公司事件 1、事件 2、事件 3 和加总的累计超额收益率分别为 0.552%、0.351%、0.511% 和 0.471%。T 检验结果显示，每个事件的累计超额收益率均显著大于 0，说明投资者将《条例》视为全样本公司的利好消息。从产权性质来看，除事件 1 之外，民营企业的累计超额收益率均显著高于国有企业，加总来看，民营企业的累计超额收益率比国有企业高 0.203 个百分点，可能原因是由于政府和金融机构对国有企业与非国有企业存在差别待遇，投资者认为《条例》对国有企业的积极影响小于民营企业，由此可以看出产权性质也是影响《条例》市场反应的重要因素。

表 9　全样本的市场反应

事件	全样本	国有企业	民营企业	差异
事件 1	0.552 *** (10.865)	0.666 *** (9.261)	0.500 *** (7.511)	0.166 * (1.523)
事件 2	0.351 *** (6.544)	0.066 (0.893)	0.483 *** (6.860)	− 0.417 *** (− 3.621)
事件 3	0.511 *** (8.359)	0.260 *** (2.917)	0.627 *** (7.916)	− 0.367 *** (− 2.799)
加总	0.471 *** (14.744)	0.331 *** (7.245)	0.534 *** (12.864)	− 0.203 *** (− 2.995)

注：数据含义同表 4。

多元回归结果如表 10 所示，因国有企业天然存在政府背景，在此不再对政府背景进行分组探讨。由表 10 回归结果可以看出，研究结论没有发生实质性改变。

表 10　更换营商环境衡量指标后的全样本稳健性检验结果

变量	全样本	行业竞争度	
	(1)	(2) $HHI = 0$	(3) $HHI = 1$
BE2	− 0.117 * (− 1.720)	− 0.146 * (− 1.958)	0.040 (0.247)
控制变量	控制	控制	控制
Constant	6.874 *** (10.38)	5.961 *** (8.630)	5.051 *** (3.652)
事件	Yes	Yes	Yes
行业	Yes	Yes	Yes
观测值（个）	9925	8322	1603
R²	0.021	0.021	0.039

六、研究结论与启示

本文运用事件研究法和多元回归法检验了《优化营商环境条例》的市场反应，结论如下。（1）资本市场认同《条例》能够提升民营企业价值，即《条例》发布期间民营企业产生了显著为正的累计超额收益率。（2）所处地区营商环境不同的企业，对《条例》的市场反应存在较大差异，所处地区营商环境较差企业的累计超额收益率显著高于所处地区营商环境较好企业。（3）进一步分组结果显示，只有在无政府背景、行业竞争度高的企业中，营商环境与累计超额收益率之间才存在显著的负向关系。（4）经过调整事件窗长度、更换估计正常收益率模型、改变指标衡量方法、扩大样本等一系列稳健性检验，本文结论依然稳健。（5）此外，当样本扩大到 A 股非金融上市公司时，本文发现市场仍然具有显著为正的累计超额收益率，且民营企业的累计超额收益率显著高于国有企业。上述结论表明，《条例》得到了投资者的认可，增加了企业价值，同时投资者也可以识别《条例》对不同特征企业影响的差异，进而形成异质性的市场反应。

本文的研究结论具有一定的政策意义。《条例》的出台填补了中国在优化营商环境领域的立法空白，意味着优化营商环境基本制度的初步形成。本文的结论则为《条例》的实施和细化提供了有力的经验证据。在实施《条例》过程中，应重点关注营商环境较差地区的政策落实效果。在制定和实施具体规范的过程中，应注重政策的差异性，向中西部倾斜，向民营企业倾斜。此外，还应制定适宜的负面清单制度，打破行业准入隐形壁垒，同时大力推进政商关系改革，切实构建"亲清"政商关系。

参考文献

邓可斌，曾海舰 . 2014. 中国企业的融资约束：特征现象与成因检验 . 经济研究，2：47 – 60.

董志强，魏下海，汤灿晴 . 2012. 制度软环境与经济发展——基于 30 个大城市营商环境的经验研究 . 管理世界，4：9 – 20.

过勇，胡鞍钢 . 2003. 行政垄断、寻租与腐败——转型经济的腐败机理分析 . 经济社会体制比较，2：61 – 69.

靳庆鲁，孔祥，侯青川 . 2012. 货币政策、民营企业投资效率与公司期权价值 . 经济研究，5：96 – 106.

靳庆鲁，薛爽，郭春生 . 2010. 市场化进程影响公司的增长与清算价值吗？. 经济学（季刊），4：1485 – 1504.

孔东民，谭伟强 . 2011. 最终控制人、政府背景与企业投资 . 金融经济学研究，1：12 – 22.

李克强 . 2019. 在全国深化"放管服"改革优化营商环境电视电话会议上的讲话 . 人民日报，07 – 29.

李平，高洁，廖静池 . 2014. 存款准备金率调整对股票市场的影响——基于中国股市高频数据的实证研究 . 证券市场导报，10：24 – 33.

李青原，黄威 . 2018. 会计稳健性与银行贷款公告的市场反应 . 财贸研究，5：99 – 110.

李雪灵，张惺，刘钊，陈丹 . 2012. 制度环境与寻租活动：源于世界银行数据的实证研究 . 中国工业经济，11：84 – 96.

连军，刘星，杨晋渝 . 2011. 政治联系、银行贷款与公司价值 . 南开管理评论，5：48 – 57.

潘红波，余明桂 . 2010. 政治关系、控股股东利益输送与民营企业绩效 . 南开管理评论，4：14 – 27.

史长宽，梁会君 . 2013. 营商环境省际差异与扩大进口——基于 30 个省级横截面数据的经验研究 . 山西财经大学学报，5：12 – 23.

宋林霖，何成祥 . 2018. 优化营商环境视阈下放管服改革的逻辑与推进路径——基于世界银行营商环境指标体系的分析 . 中国行政管理，4：67 – 72.

孙晓华，李明珊 . 2016. 国有企业的过度投资及其效率损失 . 中国工业经济，10：109 – 125.

谭雪 . 2017. 行业竞争、产权性质与企业社会责任信息披露——基于信号传递理论的分析 . 产业经济研究，3：15 – 28.

唐国正，刘力 . 2005. 利率管制对我国上市公司资本结构的影响 . 管理世界，1：50 – 58.

王红建，杨筝，阮刚铭，曹瑜强 . 2018. 放松利率管制、过度负债与债务期限结构 . 金融研究，2：100 – 117.

王小鲁，樊纲，马光荣 . 2017. 中国分省企业经营环境指数 2017 年报告 . 北京：社会科学文献出版社 .

魏下海，董志强，张永璟 . 2015. 营商制度环境为何如此重要？——来自民营企业家"内治外攘"的经验证据 . 经济科学，2：105 – 116.

武鹏 . 2011. 行业垄断对中国行业收入差距的影响 . 中国工业经济，10：76 – 86.

夏后学，谭清美，白俊红 . 2019. 营商环境、企业寻租与市场创新——来自中国企业营商环境调查的经验证据 . 经济研究，4：84 – 98.

杨青，王亚男，唐跃军 . 2018. "限薪令"的政策效果：基于竞争与垄断性央企市场反应的评估 . 金融研究，1：156 – 173.

姚圣，徐颂 . 2014. 高管政治背景与民营企业综合税负——基于政治关联的非线性影响研究 . 会计与经济研究，6：3 – 15.

余明桂，回雅甫，潘红波 . 2010. 政治联系、寻租与地方政府财政补贴有效性 . 经济研究，3：65 – 77.

袁显平，柯大钢 . 2006. 事件研究方法及其在金融经济研究中的应用 . 统计研究，10：31 – 35.

张美莎，徐浩，冯涛 . 2019. 营商环境、关系型借贷与中小企业技术创新 . 山西财经大学学报，2：35 – 49.

张奇峰，戴佳君，樊飞 . 2017. 政治联系、隐性激励与企业价值——以民营企业在职消费为例 . 会计与经济研究，3：56 – 71.

赵静，郝颖 . 2014. 政府干预、产权特征与企业投资效率 . 科研管理，5：84 – 92.

钟凯，程小可，张伟华．2016. 货币政策适度水平与企业 "短贷长投" 之谜．管理世界，3：87 – 98.

Adhikari, A. , C. Derashid, & H. Zhang. 2006. Public policy, political connections, and effective tax rates: Longitudinal evidence from Malaysia. *Journal of Accounting and Public Policy*, 25 （5）: 574 – 595.

Claessens, S. , E. Feijen, & L. Laeven. 2008. Political connections and preferential access to finance: The role of campaign contributions. *Journal of Financial Economics*, 88 （3）: 554 – 580.

Defond, M. L. , & M. Hung. 2004. Investor protection and corporate governance: Evidence from worldwide CEO turnover. *Journal of Accounting Research*, 42 （2）: 269 – 312.

Fisman, R. 2001. Estimating the value of political connections. *American Economic Review*, 91 （4）: 1095 – 1102.

Goldman, E. , J. Rocholl, & J. So. 2009. Do politically connected boards affect firm value? . *Review of Financial Studies*, 22 （6）: 2331 – 2360.

Kothari, S. P. , & J. B. Warner. 2007. Econometrics of event studies. *Handbook of Empirical Corporate Finance*, 1: 3 – 36.

Modigliani, F. , & M. Miller. 1958. The cost of capital, corporation finance, and the theory of investment. *American Economic Review*, 48 （4）: 443 – 453.

Shleifer, A. , & R. W. Vishny. 1993. Corruption. *Quarterly Journal of Economics*, 108 （3）: 599 – 617.

Stigler, G. 1971. The theory of economic regulation. *The Bell Journal of Economics and Management Science*, 2: 3 – 21.

Wellman, L. A. 2017. Mitigating political uncertainty. *Review of Accounting Studie*s, 22 （1）: 1 – 34.

The Market Reaction of the *Regulation on Optimizing Business Environment*

Qingyuan Li , *Xipei Li*

Abstract: Based on the *Regulation on Optimizing Business Environment* promulgated by the State Council on October 22, 2019, and the sample of A-share private listed companies, the event study method is used to investigate the capital market reaction of the regulation. It is found that private enterprises have significantly positive cumulative abnormal return rate during the period of promulgation of the regulations, and there is a significant negative relationship between business environment and cumulative abnormal return rate. But this kind of relationship only exists in the enterprises with no government background and high industry competition. In addition, when the sample is expanded to A-share non-financial listed companies, the capital market still has a significantly positive cumulative abnormal return rate, and the cumulative abnormal return rate of private enterprises is significantly higher than that of state-owned enterprises. This paper suggests that in the process of refinement and implementation of the regulations, we should focus on the implementation effect of policies in areas with poor business environment, vigorously promote the reform of government-business relationship, and strive to improve the business environment of private enterprises.

Keywords：Business Environment；Market Reaction；Cumulative Abnormal Return Rate

第 19 卷，第 2 辑，2020 年
Vol. 19, No. 2, 2020

会 计 论 坛

Accounting Forum

审计师能提前感知债务违约风险吗？*

——基于债务诉讼的经验证据

管考磊　　汤　晟

【摘　要】中国上市公司债务违约事件频发，引起了投资者和监管机构的极大关注。本文基于债务诉讼数据，实证检验了审计师是否能够提前感知公司的债务违约风险，并做出不同的审计质量决策。研究发现，在债务违约发生的前一年和前两年，审计师能够提前感知公司债务违约风险，并提高了审计质量。进一步研究发现，对于内部控制有效性水平较低的、处于衰退期和市场化程度较低地区的公司，审计师更能够提前感知公司债务违约风险。本文的研究丰富了有关独立审计债务契约治理作用的认识，也为投资者做出正确的信贷和投资决策提供了启示。

【关键词】债务违约；审计质量；债务诉讼

一、引言

在金融业强监管、去杠杆的背景下，中国企业债务违约事件频繁发生，出现了又

收稿日期：2020 - 05 - 30

基金项目：国家自然科学基金项目（71862015）

作者简介：管考磊，男，博士，江西财经大学会计学院副教授，guankaolei@163.com；汤晟，男，暨南大学管理学院博士研究生。

* 作者感谢审稿人对本文的宝贵意见，但文责自负。

一波"违约潮"。据 Wind 资讯统计，仅 2018 年中国企业发生的债券违约事件就有 118 起，涉及金额更是高达 1154.5 亿元之巨，债券违约的数量与金额远超前 4 年之总和。频发的债务违约事件充分暴露了中国企业潜在的信用风险，给债权人、投资者和整个社会经济带来了严重的不良后果，也引起了监管机构、投资者和媒体的极大关注。例如康得新、美丽生态、神雾环保、天神娱乐等上市公司的债务违约事件不仅仅招致了沪深交易所的问询函和监管约谈，更是引发了媒体的纷纷报道和投资者的公开质询，股价也一路下跌，公司陷入财务困境。与此同时，中国 A 股非金融上市公司累计负债高达 36.8 万亿元，其中带息债务规模为 17.6 万亿元，有 22 家公司的资产负债率高于 100%，陷入了严重资不抵债的境况。尤其是在当前中国经济下行压力进一步加大和债券刚性兑付预期已被打破的背景下，未来几年企业债务违约风险还将进一步累积和凸显，债务违约问题已经成为影响中国经济健康发展的一头"灰犀牛"，是中国企业乃至中国经济社会所面临的巨大挑战。因此，企业债务违约越来越成为理论界和实务界关注和重视的问题。

债务融资是企业重要的融资渠道，但是由于债权人并不参与企业的经营管理，债权人与企业之间存在着严重的利益冲突和代理问题（Jensen and Meckling，1976；Smith and Warner，1979），他们通过签订债务契约来缓解这一问题，债务契约也就构成了企业一系列契约的重要组成部分。由于受到契约双方机会主义行为的影响，契约并不会自动得到有效执行。因此，为了保障债务契约的有效执行，债务契约双方通常在契约中加入限制性条款和违约责任条款。一旦企业发生债务违约，债权人有权按照契约条款，要求企业立刻偿还贷款或者通过重新谈判、民事诉讼等行为维护自身利益（Roberts and Sufi，2009），同时企业也会相应采取一系列自我约束措施以安抚债权人。现有研究表明，债务违约发生后，企业会出现资本性投资下降、CEO 薪酬降低、审计费用提高、信用借款减少等现象（Chava and Roberts，2008；Gao，Khan and Tan，2017；王彦超和王语嫣，2018），甚至出现股价崩盘、财产被保全、股票被司法冻结、破产清算等更为严重的经济后果（Warner，1977；Altman，1984；王安兴和杜琨，2016）。

契约的签订并不是无成本的，为了降低债务契约的签订成本，债务契约双方通常选择基于会计信息设定契约条款（Chen and Wei，1993）。因此，会计信息构成了债务契约签订的基础，对于债务契约的签订与执行至关重要，不仅是债务契约条款事前设定的重要依据，而且是事后判断债务契约是否被违反的重要依据。享有"经济警察"之称的审计师在对企业会计信息实施鉴证的基础上，对企业是否恰当遵循了通用会计规则和合理行使了剩余会计规则的制定权独立发表审计意见，这构成了保障企业会计信息质量的重要外部约束机制。持续经营是企业会计信息编制的前提假设，而债务违约被视为可能导致企业持续经营能力存在不确定性的重要事项，因此审计准则要求，审计师在评估企业持续经营能力是否存在重大不确定性时，需要阅读企业债务契约条款并确定是否存在违约情况，或者在可预见的未来可能违约。古人云"河冰结合，非一日之寒"，债务违约的发生是企业较长时期债务违约风险逐渐累积的结果，企业在发生债务违约之前，实际上就已经累积了较高的债务违约风险，甚至已出现债务违约迹象。企业债务违约向资本市场传递了企业未来可能陷入财务困境的信号，会招致市场监管机构和投资者的严格审查，从而增加了审计师的执业风险（Bhaskar, Krishnan and Yu, 2017）。因此，审计师是否在债务违约发生之前就能够感知到企业的债务违约风险，并做出提高审计质量的决策？现有文献对这一问题并未加以研究，而这正是本文关注的重点。

本文基于中国 A 股上市公司债务诉讼数据，实证检验了审计师能否提前感知公司债务违约风险，并进行了相应的审计质量决策。研究发现，在债务违约发生的前一年和前两年，审计师均感知到了公司债务违约风险，并提高了审计质量。进一步研究发现，对于内部控制有效性水平较低、处于衰退期和市场化程度较低地区的公司，审计师更能够提前感知其债务违约风险，并提高了审计质量。由于中国债务契约签订和执行情况数据的缺失，鲜有文献研究独立审计对债务契约的治理作用，本文基于债务诉讼数据实证检验了这一问题，不仅有助于丰富理论界和实务界对独立审计债务契约治理作用的认识，而且为监管机构和投资者更有效地识别企业债务违约风险提供了借鉴与启示。

二、理论分析与研究假说

企业一旦发生债务违约，就面临着较高破产清算的风险，预示着其持续经营能力也存在较高的不确定性。而持续经营是企业编制会计信息的前提假设，是保证企业运用一般会计准则的重要基础。因此审计准则要求，审计师需要评估企业持续经营能力是否存在重大不确定性，并且在评估过程中需要阅读企业债务契约条款并确定是否存在违约情况，或者在可预见的未来可能违约。中国注册会计师协会作为审计行业的监管机构，在对会计师事务所进行约谈的过程中，也要求审计师在审计过程中重点关注企业债务契约条款是否包含相关限制性条款，以及限制性条款对企业财务指标的限定要求，并分析判断企业是否存在债务违约风险。如此一来，审计师在执行审计过程中关注企业债务违约风险也成为审计准则和监管机构的法定要求，而非可选择性执行的审计程序。

企业和债权人之间由于具有不同的目标函数和信息不对称而存在着严重的代理问题，债权人会依据会计信息对企业的违约风险进行预测和评估，并依据会计信息设定相关债务契约的限制性条款，以此来维护自身经济利益。限制性条款往往是基于会计信息对企业的流动性比率、资产负债率和利息保障倍数等财务指标做出限定要求，一旦企业实际财务指标未满足限制性条款要求，则表明企业发生了债务违约行为。由此可见，会计信息成为判断企业是否债务违约的重要依据（Dye，1993）。同时，债务违约的发生一定是企业在一个较长时期内债务违约风险逐渐累积的结果，而绝非一日之"功"。因此，企业在债务诉讼发生之前，极有可能已经存在债务违约的迹象，甚至实际上已经违反了契约限制性条款。而审计师作为对企业会计信息编制进行鉴证并发表意见的专业人士，不仅能够接触到外部利益相关者所不了解的更详细的企业内部会计信息、经营信息和债务契约条款内容，而且具有依据会计信息判断企业债务违约风险的知识和能力。因而，审计师在企业债务诉讼发生之前就有条件和有能力感知到企业的债务违约风险。

审计师通过提供鉴证服务就企业会计信息的真实性发表意见，并因此承担未能有效识别企业会计信息错报或舞弊所带来的审计风险。企业发生债务违约之后，债权人有权要求提前收回借款、拍卖抵押品、以资产抵债、债转股和担保人承担连带责任，甚至要求企业破产清算等，从而给企业带来各种直接和间接破产成本（Warner，1977；Altman，1984）。企业为了避免或者推迟债务违约的发生，往往有动机通过盈余管理，甚至舞弊行为来操纵会计信息，使得依据会计信息计算的财务指标不违反债务契约的限制性条款（Zang，2012；Jha，2013；Franz，Hassabelnaby and Lob，2014）。企业操纵会计信息的行为降低了会计信息真实性，增加了审计师的业务风险。因此，对于债务违约风险较高的企业，审计师会执行更严格的审计程序，搜集更多的审计证据，并付出更多的审计努力，以将审计风险控制在可接受水平。此外，企业发生债务违约之后，更容易招致监管机构、机构投资者和媒体更严格的审查，遭受损失的债权人和投资者也更有可能起诉审计师（Lys and Watts，1994）。如此一来，企业过去实施的会计信息操纵行为更容易被揭露出来，审计失败的可能性从而大幅提高。因此，对于债务违约风险较高的企业，审计师为了避免由审计失败带来的监管处罚、投资者诉讼和声誉受损的风险，会积极提高审计质量。

基于上述分析，本文提出以下研究假说：

H1：审计师能够提前感知企业债务违约风险，并提高审计质量。

三、研究设计

（一）样本选择与数据来源

本文选取 2003～2017 年中国沪深两市 A 股上市公司作为研究样本，并进行了如下样本筛选过程：①剔除所处行业为金融业的公司；②剔除当年 IPO 的公司；③剔除相关数据缺失的公司。本文最终得到 18669 个样本观测值。本文样本公司债务违约数据来源于 Wind 诉讼数据库，其他数据来自迪博（DIB）内部控制与风险管理数据库和 CSMAR 数据库。此外，为了控制极端值的影响，本文采用 Winsor 方法对所有连续变量在上下 1% 的水平上进行缩尾处理。

（二）变量选择与模型设计

（1）审计质量的衡量。本文借鉴 Gul、Wu 和 Yang（2013）的做法，使用审计报告激进度（ARA）衡量审计质量，并在稳健性检验中，使用审计意见类型（Opinion）衡量审计质量。

（2）债务违约的衡量。本文参照陈婧、张金丹和方军雄（2018）的做法，使用公司是否发生债务违约诉讼来衡量债务违约（Debtdefault）。如果公司发生债务违约诉讼，则 Debtdefault 取值为 1，否则为 0。

（3）控制变量。本文借鉴陈婧、张金丹和方军雄（2018）的做法，在模型中加入相关控制变量，具体见表 1。

表 1　主要变量名称及定义

变量类型	变量名称	变量符号	变量说明
被解释变量	审计质量	ARA	审计师发表非标准审计意见的预测概率值与实际值的差值
解释变量	债务违约时间变量	BD1	发生债务诉讼的公司前一年的样本取值为 1，否则为 0
	债务违约时间变量	BD2	发生债务诉讼的公司前两年的样本取值为 1，否则为 0
控制变量	两职合一	Dual	若总经理与董事长由同一人担任取值为 1，否则为 0
	是否亏损	Loss	若公司当年发生亏损取值为 1，否则为 0
	公司规模	Size	期末资产总额的自然对数
	资产负债率	Lev	期末负债总额除以资产总额
	总资产收益率	Roa	净利润除以期末资产总额
	大股东持股	Shratio	第一大股东持股比例
	董事会规模	Bsize	董事会人数的自然对数
	独立董事比例	Indc	独立董事人数除以董事会总人数
	是否四大会计师事务所	BIG4	若审计师来自国际四大会计师事务所则取值为 1，否则为 0
	应收账款比例	AR	期末应收账款金额除以资产总额
	存货比例	INV	期末存货金额除以资产总额
	经营现金流量占比	OCF	经营性现金流量除以期末资产总额
	成长性	Growth	（当年营业收入－上一年营业收入）/上一年营业收入

（4）研究模型设计。本文借鉴王彦超和王语嫣（2018）以及陈婧、张金丹和方军雄（2018）的做法，以债务诉讼作为外生冲击，构建基于非平衡面板数据双向固定效

应的多期双重差分模型：

$$ARA = \beta_0 + \beta_1 BD + \beta_2 Dual + \beta_3 Loss + \beta_4 Size + \beta_5 Lev + \beta_6 Roa + \beta_7 Shratio$$
$$+ \beta_8 Bsize + \beta_9 Indc + \beta_{10} BIG4 + \beta_{11} AR + \beta_{12} INV + \beta_{13} OCF + \beta_{14} Growth \qquad (1)$$
$$+ \sum Firm + \sum Year + \sum Ind + \varepsilon$$

其中，ARA 是指审计报告激进度，BD 为双重差分模型的交互项，等于 $Debtdefault \times Before$，其中，$Before$ 为债务违约时间的虚拟变量。为了检验审计师是否能够提前感知债务违约风险，本文采用两种方式定义 $Before$，若样本年份为债务违约发生的前一年，则 $Before1$ 取值为 1，否则取值为 0；若样本年份为债务违约发生的前两年，则 $Before2$ 取值为 1，否则取值为 0。$Debtdefault$ 和 $Before1$ 的交互项为 $BD1$，$Debtdefault$ 和 $Before2$ 的交互项为 $BD2$。因此，对于发生债务违约公司前一年的样本，$BD1$ 取值为 1，否则取值为 0；对于发生债务违约公司前两年的样本，$BD2$ 取值为 1，否则取值为 0。$BD1$、$BD2$ 的系数分别反映了在债务违约发生前一年或前两年样本公司相对于其他样本公司的审计质量差异。公司债务违约虚拟变量（$Debtdefault$）和债务违约时间虚拟变量（$Before$）分别由一组公司固定效应（$\sum Firm$）和年度虚拟变量（$\sum Year$）所反映。各变量的定义如表 1 所示。此外，本文还控制了公司个体层面、年度和行业固定效应。

四、实证检验与结果分析

（一）描述性统计

表 2 列示了变量的描述性统计结果。审计报告激进度（ARA）的平均值为 0.002，标准差为 0.180，中位数为 0.012。债务违约（$Debtdefault$）的平均值为 0.016，表明样本中有 1.6% 的上市公司发生了债务违约，这与陈婧、张金丹和方军雄（2018）的统计结果基本一致。

表 2　描述性统计

变量	平均值	标准差	最小值	中位数	最大值
ARA	0.002	0.180	− 1.000	0.012	0.994
$Debtdefault$	0.016	0.124	0.000	0.000	1.000
$BD1$	0.014	0.116	0.000	0.000	1.000
$BD2$	0.028	0.164	0.000	0.000	1.000
$Dual$	0.205	0.404	0.000	0.000	1.000
$Loss$	0.116	0.320	0.000	0.000	1.000

续表

变量	平均值	标准差	最小值	中位数	最大值
Size	21.731	1.241	19.077	21.598	25.690
Lev	0.478	0.229	0.052	0.477	1.260
Roa	0.032	0.064	-0.264	0.032	0.201
Shratio	36.011	15.445	0.822	33.875	89.986
Bsize	2.174	0.205	1.099	2.197	2.944
Indc	0.366	0.054	0.000	0.333	0.800
BIG4	0.058	0.233	0.000	0.000	1.000
AR	0.107	0.098	0.000	0.082	0.447
INV	0.169	0.153	0.000	0.131	0.750
OCF	0.043	0.077	-0.203	0.043	0.257
Growth	0.206	0.586	-0.661	0.115	4.330

（二）回归结果分析

审计师是否感知到了公司债务违约风险是难以被直接观察的，本文通过检验审计师所提供的审计质量高低来间接反映审计师对公司债务违约风险的感知情况。因此，本文以审计报告激进度作为被解释变量对债务违约采用双重差分模型进行回归分析，回归结果如表3所示。研究结果表明，无论是否加入控制变量，$BD1$ 的系数均显著为负，这表明在债务违约发生的前一年，审计师就已经提前感知了债务违约风险，并提供了更高质量的审计。同样地，无论是否加入控制变量，$BD2$ 的系数均显著为负，这表明在债务违约发生的前两年，审计师也已经提前感知了债务违约风险，并提供了更高质量的审计。本文的研究假说从而得以验证。

表3 债务诉讼发生前与审计质量回归结果

变量	前一年		前两年	
BD1	-0.064 *** (-2.69)	-0.069 *** (-2.91)		
BD2			-0.065 *** (-3.28)	-0.073 *** (-3.60)
控制变量	未控制	控制	未控制	控制
Year/Ind/Firm	控制	控制	控制	控制
样本量（个）	18669	18669	18669	18669
调整的 R^2	0.004	0.009	0.005	0.011

注：所有回归均使用 Robust 方法对异方差进行了调整；括号内为 T 值，*、** 和 *** 分别表示在 10%、5% 和 1% 的水平上显著。下文同。

（三）稳健性检验

为了验证研究结论的可靠性，本文进行了如下稳健性检验。[①] ①替换被解释变量。使用审计意见类型（Opinion）作为审计质量的衡量指标，对模型（1）重新进行回归，回归结果与前文基本一致。②改变回归方法。普通最小二乘法（OLS）是当前最为常用的回归方法，本文使用该方法对模型（1）重新进行回归，回归结果与前文研究结果基本一致。③自选择和内生性问题。前文研究结果表明审计师能够提前感知公司债务违约风险，并提高审计质量，这一结果可能会受到样本自选择和遗漏变量的影响。发生债务违约的公司和未发生债务违约的公司可能在经营业绩等方面存在本质差别，而这些差别同时影响了公司债务违约的发生和审计质量高低，即存在自选择问题。此外，可能遗漏的变量也会导致内生性问题。因此，本文借鉴张玮倩和方军雄（2017）的做法，分别采用 Heckman 两阶段方法和倾向匹配得分法（PSM）解决自选择和内生性问题，回归结果与前文基本一致。④安慰剂检验。审计质量除受到债务违约风险的影响外，还可能受到一些政策事件、时间趋势和其他随机性因素的影响；换言之，前文观察到的债务违约对审计质量的影响可能是其他因素引起的。为了排除这些因素的干扰，本文通过将公司债务违约发生时间统一提前四年，构造"伪债务违约发生"事件，进而生成反映伪债务违约发生前一年和前两年的变量 BD3、BD4，以进行安慰剂检验。结果表明 BD3、BD4 与 ARA 之间并不存在显著关系，通过了安慰剂检验，表明本文的研究结论是稳健的。

五、进一步分析

（一）生命周期的影响

处于不同生命周期的企业，审计师对其债务违约风险的感知可能呈现显著差异。一方面，处于衰退期的企业以债务融资为主，具有高负债率、高财务风险、低经营风险的特征，有着强烈的动机进行应计和真实盈余管理以避免债务违约（王云、李延喜和宋金波等，2016）；另一方面，由于衰退期的企业成长性下降甚至出现负增长，市场竞争力削弱，缺乏未来前景而陷入财务困境和破产清算的可能性更高，因此，处于衰退期的企业一旦发生债务违约会给审计师带来更大的审计风险，审计师为了降低审计风险，会对企业债务违约风险给予更多关注，从而有助于审计师提前感知公司债务违约风险，并相应提高审计质量。

本文参照 Dickinson（2011）以及侯巧铭、宋力和蒋亚朋（2017）的做法，采用基

---

① 　限于篇幅，本文未报告稳健性检验结果，留存备索。

于现金流的企业生命周期分类方法，将样本企业的生命周期划分为成长期、成熟期和衰退期三个类型①。本文对处于不同生命周期的样本分别进行回归，回归结果如表4所示。回归结果表明，在债务违约发生前一年、前两年，相较于成长期和成熟期企业，衰退期企业的审计师更能够提前感知公司债务违约风险，并提高了审计质量。

表4　企业生命周期分组回归结果

变量	成长期		成熟期		衰退期	
BD1	-0.057		-0.047		-0.107 ***	
	(-1.39)		(-0.89)		(-2.69)	
BD2		-0.038		-0.066		-0.100 **
		(-1.24)		(-1.48)		(-2.54)
控制变量	控制	控制	控制	控制	控制	控制
Year/Ind/Firm	控制	控制	控制	控制	控制	控制
样本量（个）	8210	8210	7330	7330	3129	3129
调整的 R^2	0.018	0.018	0.022	0.024	0.021	0.022

（二）内部控制有效性的影响

企业内部控制有效性是影响审计控制风险的重要因素，内部控制有效性水平越低，企业控制风险越高，反之亦然。对于内部控制有效性水平较低的企业，一旦面临较高的债务违约风险，那么企业更有可能通过操纵会计信息来避免债务违约的发生。同时，由于较低的内部控制有效性水平，这类企业获得银行借款和股权投资的可能性也较小，从而可用于化解债务违约风险的手段也较少（Goh，Krishnan and Li，2013）。因此，相比于内部控制有效性水平高的企业，内部控制有效性水平低的企业一旦发生债务违约，会给审计师带来更大的审计失败风险，审计师会对这类企业的债务违约风险给予更多关注，从而有助于审计师提前感知公司债务违约风险，并相应提高审计质量。

本文按照迪博（DIB）内部控制指数的年份－行业中位数，将样本划分为内部控制有效性水平高低两组，分别对两组样本进行回归，回归结果如表5所示。结果表明，相比于内部控制有效性水平较高的企业，内部控制有效性水平较低企业的审计师更能够提前感知公司债务违约风险，并提高了审计质量。

---

① 企业在不同生命周期中的现金流存在显著不同特征，因此，可以根据企业经营活动、投资活动和筹资活动产生的现金净流量的正负特征组合，将公司划归成长期、成熟期和衰退期。例如，成长期的企业筹资和投资活动较多，其现金流呈现筹资活动现金净流量为正而投资活动现金净流量为负的显著特征。

表 5　内部控制有效性水平高低的分组回归结果

变量	高内控	低内控	高内控	低内控
$BD1$	0.026**	− 0.089***		
	(2.16)	(− 3.04)		
$BD2$			0.003	− 0.096***
			(0.26)	(− 3.72)
控制变量	控制	控制	控制	控制
Year/Ind/Firm	控制	控制	控制	控制
样本量（个）	9377	9292	9377	9292
调整的 R^2	0.027	0.017	0.027	0.020

（三）市场化程度的影响

一个地区市场化程度越低，包括债务契约在内的契约越难以通过重新谈判等非强制性手段予以保障（朱松和夏冬林，2009）。因此，处于市场化程度较低地区的企业如果累积了较高的债务违约风险，那么就会面临更高的诉讼风险，企业过去所实施的会计信息操纵行为也更容易被揭露出来，这会大大增加审计师的审计失败风险。审计师为了降低审计失败风险，会对这类企业的债务违约风险给予更多关注，从而有助于审计师提前感知公司债务违约风险，并相应提高审计质量。

本文按照王小鲁、樊纲和余静文（2017）市场化指数的年份－行业中位数，将样本划分为市场化程度高低两组，分别对两组样本进行回归，回归结果如表 6 所示。结果表明，市场化程度的确会影响审计师对企业债务违约风险的识别和所做出的审计质量决策，具体而言，处于市场化程度较低地区企业的审计师更能够提前感知公司债务违约风险，并提高了审计质量。

表 6　市场化程度高低的分组回归结果

变量	高市场化	低市场化	高市场化	低市场化
$BD1$	− 0.047	− 0.094**		
	(− 1.57)	(− 2.56)		
$BD2$			− 0.027	− 0.115***
			(− 1.26)	(− 3.50)
控制变量	控制	控制	控制	控制
Year/Ind/Firm	控制	控制	控制	控制
样本量（个）	10184	8485	10184	8485
调整的 R^2	0.011	0.017	0.010	0.023

六、结论与启示

本文以 2003～2017 年沪深 A 股上市公司为样本，基于手工整理的债务诉讼数据，实证检验了审计师在债务违约发生之前对企业债务违约风险的感知能力，以及所做出的审计质量决策。研究发现，在债务违约发生的前一年和前两年，审计师均能够提前感知企业的债务违约风险，并提高了审计质量。进一步研究发现，对于内部控制有效性水平较低、处于衰退期和市场化程度较低地区的企业，审计师更能够提前感知企业债务违约风险，并提高了审计质量。

本文的研究启示在于以下两点。第一，独立审计能够有效发挥债务契约治理作用，在当前上市公司债务违约频发的背景下，审计监管部门应当进一步加强对会计师事务所和审计师的监管，通过对会计师事务所进行执业质量检查和约谈提示审计风险等措施，提升审计师感知公司债务违约风险的能力，促使审计师提高审计质量，进而有助于上市公司在债务违约发生之前化解债务违约风险。第二，上市公司债务违约不仅增加了审计师的审计失败风险，而且极大损害了债权人和资本市场投资者的经济利益。因此，上市公司监管机构不仅需要加大对债务违约公司的监管问询和警示，还应立足于事前防范，进一步完善有关上市公司债务契约履行情况的信息公开披露制度，促使上市公司及时披露债务违约信息，保障债权人和投资者的知情权，实现对债权人和投资者经济利益的事前保护。

参考文献

陈婧，张金丹，方军雄．2018．公司债务违约风险影响审计收费吗．财贸经济，5：71－87．

侯巧铭，宋力，蒋亚朋．2017．管理者行为、企业生命周期与非效率投资．会计研究，3：61－67．

王安兴，杜琨．2016．债务违约风险与期权定价研究．管理科学学报，1：117－126．

王小鲁，樊纲，余静文．2017．中国分省份市场化指数报告（2016）．北京：社会科学文献出版社，216－217．

王彦超，王语嫣．2018．债务诉讼是如何影响企业现金持有行为的．会计研究，7：35－42．

王云，李延喜，宋金波，马壮．2016．企业生命周期视角下盈余管理方式研究——基于债务契约理论．管理评论，12：75－91．

张玮倩，方军雄．2017．债务违约会抑制公司创新投资吗．产业经济研究，5：1－11．

朱松，夏冬林．2009．制度环境、经济发展水平与会计稳健性．审计与经济研究，6：57－63．

Altman, E. I. 1984. A further empirical investigation of the bankruptcy cost question. *Journal of Finance*,

39 (4): 1067 – 1089.

Bhaskar, L. S., G. V. Krishnan, & W. Yu. 2017. Debt covenant violations, firm financial distress, and auditor actions. *Contemporary Accounting Research*, 34 (1): 186 – 215.

Chava, S., & M. R. Roberts. 2008. How does financing impact investment? The role of debt covenants. *Journal of Finance*, 63 (5): 2085 – 2121.

Chen, K. C., & K. J. Wei. 1993. Creditors' decisions to waive violations of accounting-based debt covenants. *The Accounting Review*, 68 (2): 218 – 232.

Dickinson, V. 2011. Cash flow patterns as a proxy for firm life cycle. *The Accounting Review*, 86 (6): 1969 – 1994.

Dye, R. A. 1993. Auditing standards, legal liability, and auditor wealth. *Journal of Political Economy*, 101 (5): 887 – 914.

Franz, D. R., H. R. Hassabelnaby, & G. J. Lob. 2014. Impact of proximity to debt covenant violation on earnings management. *Review of Accounting Studies*, 19 (1): 473 – 505.

Gao, Y., M. Khan, & L. Tan. 2017. Further evidence on consequences of debt covenant violations. *Contemporary Accounting Research*, 34 (3): 1489 – 1521.

Goh, B. W., J. Krishnan, & D. Li. 2013. Auditor reporting under section 404: The association between the internal control and going concern audit opinions. *Contemporary Accounting Research*, 30 (3): 970 – 995.

Gul, F. A., D. Wu, & Z. Yang. 2013. Do individual auditors affect audit quality? Evidence from archival data. *The Accounting Review*, 88 (6): 1993 – 2023.

Jensen, M., & W. Meckling. 1976. Theory of the firm: Managerial behavior, agency costs and capital structure. *Journal of Financial Economics*, 3 (4): 305 – 360.

Jha, A. 2013. Earnings management around debt-covenant violations—An empirical investigation using a large sample of quarterly data. *Journal of Accounting, Auditing & Finance*, 28 (4): 369 – 396.

Lys, T., & R. L. Watts. 1994. Lawsuits against auditors. *Journal of Accounting Research*, 32 (s): 65 – 93.

Roberts, M. R., & A. Sufi. 2009. Control rights and capital structure: An empirical investigation. *Journal of Finance*, 64 (4): 1657 – 1695.

Smith Jr, C. W., & J. B. Warner. 1979. On financial contracting: An analysis of bond covenants. *Journal of Financial Economics*, 7 (2): 117 – 161.

Warner, J. B. 1977. Bankruptcy costs: Some evidence. *Journal of Finance*, 32 (2): 337 – 347.

Zang, A. Y. 2012. Evidence on the trade-off between real activities manipulation and accrual-based earnings management. *The Accounting Review*, 87 (2): 675 – 703.

Can Auditors Perceive Debt Default Risk in Advance？
—Empirical Evidence Based on Debt Litigation

Kaolei Guan，Sheng Tang

Abstract：The frequent occurrence of debt defaults of listed companies in China has attracted the attention of investors and regulatory agencies. Based on the data of debt litigation，this paper empirically tests whether the auditor can perceive the company's debt default risk in advance and adopt different auditing behaviors. The results show that in the previous year and the first two years of the debt litigation，auditors can perceive the risk of default of corporate debt in advance，and implement high-quality audits. Further research finds that auditors are more likely to perceive corporate debt default risk in advance for companies in recession，low effectiveness level of internal control and low degree of marketization. The finds enrich the understanding of the role of auditors and provides inspiration for investors to make correct investment decisions.

Keywords：Debt Defaults；Auditing Quality；Debt Litigation

第 19 卷，第 2 辑，2020 年
Vol. 19，No. 2，2020

会 计 论 坛
Accounting Forum

关键审计事项披露与上市公司 IPO 溢价 *

胡淑娟　　王秋红　　陈小林

【摘　要】IPO 公司自 2018 年开始适用新的审计报告准则，需要对 2017 年及之后的财务报表审计业务披露关键审计事项。本文以此为契机，比较研究了新审计报告准则实施前后首次信息披露中关键审计事项披露对上市公司 IPO 溢价的影响。实证结果表明，IPO 时，根据新审计报告准则规定披露关键审计事项的公司，溢价更高，表明关键审计事项的披露，增进了投资者对财务报告的信任，提高了投资者对公司股票的估价。研究结果在控制内生性等多种稳健性检验后仍然成立，在区分涉及收入和资产减值的关键审计事项后也依然成立。该研究结论不仅有助于更全面地认知关键审计事项的沟通价值，而且进一步扩展了 IPO 溢价影响因素的相关研究。

【关键词】关键审计事项；IPO 溢价；审计报告

一、引言

2015 年 1 月 15 日，国际审计与鉴证准则理事会（IAASB）发布了新的系列审计准

收稿日期：2020 - 08 - 02

基金项目：教育部人文社会科学基金项目（17YJA790028）；国家自然科学基金项目（71962017）

作者简介：胡淑娟，九江学院管理学院副教授；王秋红，九江学院管理学院讲师；陈小林，九江学院管理学院教授，chen072002@ 163. com。

* 作者感谢审稿人对本文的宝贵意见，但文责自负。

则体系，包括新制定的国际审计准则 ISA701，以及新修订的国际审计准则 ISA705、ISA706、ISA260、ISA570 和 ISA720，目的是对原有审计报告模式进行改革，在审计报告中披露关键审计事项，并在 2016 年 12 月 15 日及之后的财务报表审计工作执行。2016 年 12 月 23 日，财政部发布了新制定的《中国注册会计师审计准则第 1504 号——在审计报告中沟通关键审计事项》（以下简称 "CSA1504"），对原有的 11 项审计准则进行了修订，要求在审计报告中披露关键审计事项，规定 A＋H 股公司自 2017 年 1 月 1 日起执行，其他上市公司自 2018 年 1 月 1 日起执行。2017 年 2 月 18 日，晨鸣纸业披露的 2016 年度报告中，出现了执行新准则后第一份带有关键审计事项的审计报告，从此，我国审计报告模式发生革命性变化。此次改革颠覆了原模式化的审计报告格式，极大地丰富了审计报告内容，也赋予了审计师更多的职业判断裁量权，报告用户可观测到更多的审计相关信息。但对于披露关键审计事项究竟具有哪些经济后果，需要进行科学检验。

已有部分文献检验了审计报告披露关键审计事项后的信息含量。王艳艳、许锐和王成龙等（2018）以 A＋H 股公司为研究样本，发现披露关键审计事项提高了审计报告的沟通价值，而且主要体现在 "四大" 审计的公司，以及审计投入多和客户重要性高的公司。同样地，陈丽红、张呈和张龙平等（2019）的研究发现，关键审计事项具有增量信息，能影响投资者的决策。相似地，王木之和李丹（2019）的研究也发现，披露关键审计事项的审计报告降低了股票价格的同步性，而且在信息不对称公司的影响更加明显。这些研究说明，在持续披露的年度报告中，审计报告披露的关键审计事项具有增量信息。

但 IPO 公司披露的关键审计事项发挥了什么效应，目前尚未可知。根据我国证监会 2017 年 12 月发布的《资本市场主体全面实施新审计报告相关准则有关事项的公告》（以下简称 "第 19 号公告"）的规定："对于 IPO 公司，其财务报表审计业务自 2018 年 1 月 1 日起实施新审计报告相关准则，适用关键审计事项准则的期间为 2017 年及其以后的会计期间，2017 年以前的会计期间自愿适用。" 中注协发布的《中国注册会计师审计准则问题解答第 14 号——关键审计事项》对注册会计师如何确定和披露关键审计事项进行了明确，并列示了 IPO 财务报表审计报告中披露关键审计事项的样式。因此，本文以此为背景，研究 IPO 公司披露的关键审计事项的信息价值，具体分析了公司关键审计事项披露对公司 IPO 溢价的影响。研究发现，披露了关键审计事项的公司 IPO 溢价显著高于未披露的公司，无论是从是否披露关键审计事项整体看，还是从关键审计事项披露的具体内容看，这个效应均显著存在，涉及收入和资产减值的关键审计事项披露显著影响公司的 IPO 溢价。

文章可能的贡献体现在：第一，以往文献主要关注二级市场年报中审计报告披露的关键审计事项，少有涉及 IPO 公司的关键审计事项披露，本文扩大了关键审计事项研究的范围，有助于更全面地了解关键审计事项披露带来的经济后果；第二，拓展了有关 IPO 溢价的研究文献，从关键审计事项披露这一全新的视角分析 IPO 溢价的影响因素；第三，对 IPO 公司关键审计事项披露情况的分析及其研究结论，对于监管部门进一步制定 IPO 公司关键审计事项披露规范和监督其执行具有一定参考价值。

二、文献评述与假设提出

（一）文献评述

早期对关键审计事项披露的研究，主要是采用实验研究方法，通过实验设计，测试实验对象对关键审计事项披露的行为反应，研究内容主要集中在以下两个方面。

一是关键审计事项披露是否能提供增量信息，即关键审计事项披露的信息含量问题。Christensen、Golver 和 Wolfe（2014）的研究发现，相对于管理层在财务报表附注中披露资产公允价值计价的政策和具体计价模式，审计师将资产公允价值计价问题作为关键审计事项在审计报告中披露，能够显著地改变投资人的投资决策。张继勋和韩冬梅（2014）以 2011 年 IAASB 发布的《增强审计报告的价值：探索改变的方法（征求意见稿）》为契机展开的实验研究发现，与标准审计报告相比，个体投资者认为改进后的审计报告的相关性、有用性更强，而且增加披露的信息体现的管理层动机，影响了投资判断和决策；张继勋、蔡闫东和刘文欢（2016）同样采用实验研究的方法，发现改进审计报告后管理层与审计师的沟通意愿更强，尤其是在双方关系一般的情况下，而在双方关系较好的情况下，管理层与审计师沟通的意愿都得到加强。

二是关键审计事项披露是否会影响审计师的法律责任。Gimbar、Hansen 和 Ozlanski（2016）的实验研究结论认为，附带关键审计事项的审计报告会加重审计师的法律责任，无论关键审计事项是否与监管部门发现的重大错报相关。这与 Backof、Bowlin 和 Goodson（2014）的研究结论类似。但也有的实验研究结论与此相反。Brasel、Doxey 和 Grenier 等（2016）发现，相比于不披露关键审计事项，无论是披露关联的还是非关联的关键审计事项均会减轻审计师责任。Brown、Majors 和 Peecher（2015）还发现，披露关联的关键审计事项比披露非关联的关键审计事项更能减轻审计师责任，因为披露关联的关键审计事项实际上向审计报告使用者做了财务报告可能存在重大错报的预警，审计报告起到了传递信息的作用，即使披露了非关联的关键审计事项，也从字里行间预示了被审计企业整体上可能存在重大错报的风险。

随着我国新审计报告准则的实施，对关键审计事项披露研究的经验研究文献日益丰富，这些文献主要研究了关键审计事项的披露情况，以及关键审计事项披露对信息含量、盈余管理和审计定价的影响。由于新审计报告准则是分批在上市公司中实施，首先是从 2017 年开始在 A + H 股公司中实施，因此目前对关键审计事项披露进行研究的大部分文献选择以 A + H 股公司为样本，如冉明东和徐耀珍（2017），王艳艳、许锐和王成龙等（2018），王旭东和程安林（2018），鄢翔、张人方和黄俊（2018）等的研究。冉明东和徐耀珍（2017）重点对 93 个 A + H 股公司的关键审计事项类型及其披露情况进行了分析，发现关键审计事项的披露形式基本符合预期，而王艳艳、许锐和王成龙等（2018）以及鄢翔、张人方和黄俊（2018）则研究了 A + H 股公司关键审计事项披露是否发挥了信息传递作用，王艳艳、许锐和王成龙等（2018）发现披露关键审计事项的公司比未披露的公司获得 3.1% 的超额回报，关键审计事项发挥了沟通价值。王旭东和程安林（2018）、郭欣慧（2018）的研究结论与此相同，认为关键审计事项具有信息含量。陈丽红、张呈和张龙平等（2019）发现披露关键审计事项后，A + H 股公司的盈余价值相关性下降了，关键审计事项的披露降低了投资者在决策时对盈余的依赖，而鄢翔、张人方和黄俊（2018）还发现 A + H 股公司披露关键审计事项具有溢出效应，传递给了与本公司共享审计师审计的公司。此外，还有研究发现，披露关键审计事项后，A + H 股公司的盈余管理程度更低（吴青川和魏建成，2019；李延喜、赛骞和孙文章，2019），审计费用显著提高（阚京华和张复赞，2019）；股票价格同步性下降，披露的关键审计事项越多，股票价格同步性越低（王木之和李丹，2019）；披露关键审计事项后分析师的预测准确度得到提高，而且关键审计事项越多，准确度越高（赵刚、江雨佳和马杨等，2019）。

最近的研究发现，关键审计事项的披露显著降低了上市公司的股价崩盘风险（史永和李思昊，2020），审计师利用专家工作应对关键审计事项时，能更好地发挥作用，被审计单位无论是应计盈余管理还是真实盈余管理均程度更低（柳木华和雷霄，2020），而且公司存在明显向上的真实活动盈余管理行为时，审计师倾向于对关键审计事项进行差异化表述（黄亮华和汤晓燕，2020）。同时，关键审计事项的披露抑制了管理层通过盈余管理迎合分析师预测，从而表现为分析师预测的准确度下降（薛刚、王储和赵西卜，2020）。庄飞鹏、韩慧林和闫慢慢（2020）还对 IPO 企业的关键审计事项披露现状进行了分析，并提出了改进建议。

从上述文献回顾可知，目前文献对关键审计事项披露的研究，主要是针对 A + H 股公司，且集中于研究公司年度报告中关键审计事项披露的经济后果，是分析持续性信息披露——定期报告中关键审计事项的披露效应，但对于 IPO 公司的首次信息披露中的关键审计事项披露的经济后果尚未有实证文献进行深入分析，故本文选择从 IPO 溢价这个角度透视 IPO 公司披露关键审计事项可能带来的经济后果，对现有文献进行拓展。

（二）假设提出

IPO 定价是一个复杂过程，信息不对称理论和行为金融理论对此进行了解释。新股发行过程中至少涉及发行人、承销商和投资者，三者在 IPO 股票定价中发挥的作用不同。一是从信息不对称理论角度看，发行人与承销商、投资者之间存在信息不对称，为了吸引外部投资者认购新股，弥补投资者在信息上的弱势带来的风险，发行人主动降低价格发行股票，使 IPO 公司的发行价低于上市后的交易价格，形成 IPO 抑价。二是从行为金融理论角度看，投资者是不完全理性的，由于新股的价值不确定性较大，投机新股更可能获利，投资者的乐观心理情绪造成公司 IPO 之后二级市场上新股价格非理性上涨，导致公司股票的上市交易价格高于股票的发行价和内在价值，形成 IPO 过程中的溢价（宋顺林和唐斯圆，2019）。

我国新股发行的询价制度与美国不同，新股发行定价经历了从管制到放松再到管制的过程。2004 年实施询价制度后，政府监管部门首先是对新股定价实施窗口指导，2009 年 6 月后进行市场化改革，改由市场对新股定价，但在出现了大量新股"破发"现象后，又加强了定价管制，特别是 2014 年 3 月后，监管层规定新股发行市盈率不能超过 23 倍，绝大多数公司选择在 23 倍的"监管红线"上发行。至此，中国的询价制本质上是一种固定市盈率定价（宋顺林和唐斯圆，2019）。此外，新股"首日涨停板"制度还规定新股首日有效申报价格不得高于发行价格的 144%，导致绝大多数新股首日一字涨停，上市后连续涨停板。也就是说，因我国发行人基本按 23 倍市盈率发行新股，所以我国 IPO 公司的发行价与交易价格的差异来源主要是股票上市后投资者在二级市场的追捧促使连续涨停造成的溢价。

根据证监会 2017 年第 19 号公告，自 2018 年 1 月 1 日起 IPO 公司的财务报表审计业务适用新审计报告相关准则，需要在审计报告中披露关键审计事项。当资本市场有效时，公司披露的信息将被投资者采用并纳入对 IPO 公司股票定价的决策函数，影响公司 IPO 的溢价，理论上关键审计事项的披露应该能被投资者感知进而影响 IPO 溢价。根据 CSA1504 的规定，注册会计师应当运用职业判断，从与管理层沟通过的事项中选取认为对本期财务报表审计最为重要的事项作为关键审计事项，在审计报告中单设一部分以"关键审计事项"为标题，使用恰当的子标题逐项描述关键审计事项。目的是让报表使用者发现审计报告中"突兀"的关键审计事项，从而引起使用者的特别关注。那么按照此格式披露的关键审计事项，是否引起了使用者的关注，帮助信息使用者更好地理解了已审财务报表呢？从对持续披露的年度报告中关键审计事项披露情况的研究看，关键审计事项披露发挥了信息传递效应（王木之和李丹，2019；陈丽红、张呈和张龙平等，2019）。因此，可预期对于 IPO 公司，投资者也会注意到它们在招股说明书等公告中披露的关键审计事项，对披露的关键审计事项做出决策反应。对于投资者来说，与没有披露关键审计事项的情形相比，更可能认为披露关键审计事项，意味着注册会计师关注到了被审计单位管理层对该事项的会计处理，并就该事项的会计处理与被审计单位管理层进行了充分沟通并达成一致，从而可降低管理层对该事项进行的盈余操纵。如此，投资者更加信任披露关键审计事项的 IPO 公司财务报表，增进了对该公司财务报表的信任，投资者的乐观程度更高，从而提高对披露关键审计事项 IPO 公司的股票估值，而又由于发行时绝大部分公司选择在 23 倍的"监管红线"上发行，故披露关键审计事项的 IPO 公司，总体上股票溢价更高。即本文的研究假设如下：

H：披露关键审计事项的 IPO 公司股票溢价更高。

三、研究设计

（一）样本与数据来源

根据证监会 2017 年第 19 号公告的规定，公司在 2018 年及之后 IPO 时，披露的 2017 年度财务报表适用关键审计事项准则，同时考虑到对披露和未披露关键审计事项公司的 IPO 溢价进行比较研究，因此本文选择了 2017 年和 2018 年在深沪两市 IPO 的公司作为初始样本，删除金融证券类等特殊行业公司样本后，最终得到的研究样本为 522 个公司。然后，通过手工查阅每一个 IPO 公司披露的招股说明书和审计报告，确定是否披露了关键审计事项。经查阅发现，522 个公司中：属于 2017 年的 IPO 公司有 428 家；属于 2018 年的 IPO 公司有 94 家。其中在招股说明书或审计报告中披露了关键审计事项的公司有 58 家。在 2018 年上市的未披露关键审计事项的公司，大部分是因为审计报告日期（或招股说明书签署日期）在 2017 年，而公司公开上市在 2018 年。除了关键审计事项外，其他变量数据均来自 CSMAR 数据库和 Wind 数据库。

（二）模型设定和变量定义

为了检验研究假设，建立模型：

$$Upr = \beta_0 + \beta_1 KAM + \beta_2 Lnta + \beta_3 Lev + \beta_4 ROA + \beta_5 Iposz + \beta_6 Ballot + \beta_7 Tvol + \beta_8 Lnage + \beta_9 Big10 + \beta_{10} Uwr10 + \beta_{11} Mktent + \varepsilon \tag{1}$$

变量定义具体见表 1。

表 1　变量定义

变量	预期符号	定义
Upr		IPO 溢价,参考宋顺林和唐斯圆(2017,2019)等的做法,等于(新股上市后开板日收盘价－发行价)/发行价。如果 IPO 首日涨幅达到 44%,则开板日收盘价为上市之后第一次未达到 10% 涨停幅度的当天收盘价;如果首日未达到 44%,则采用上市当天的收盘价
KAM	+	关键审计事项,披露了关键审计事项等于 1,否则等于 0
Lnta	?	公司规模,公司资产总额的自然对数
Lev	－	资产负债率,等于负债总额除以资产总额
ROA	+	总资产报酬率,等于利润总额除以资产总额
Iposz	－	IPO 融资规模,等于公司 IPO 募集资金总额的自然对数
Ballot	?	中签率,公司股票申购的总中签率
Tvol	?	股票平均换手率,等于上市首日至开板日的股票日均换手率
Lnage	?	成立时间,等于公司设立时间长度的自然对数
Big10	?	审计师声誉,公司的审计师为前十大会计师事务所时等于 1,否则等于 0
Uwr10	?	券商声誉,公司发行股票的券商为前十大券商时等于 1,否则等于 0
Mktent	+	市场情绪,等于上市前 3 个月的市场报酬率

（1）被解释变量。模型中 Upr 是被解释变量,为公司的 IPO 溢价。由于目前 IPO 公司的首日股票价格涨幅实行涨跌停板制度,绝大部分公司的首日涨幅达到 44%,之后多日连续涨停,故首日收盘价与发行价之间的对比,难以真实反映公司的 IPO 溢价,因此参考了宋顺林和唐斯圆的做法,IPO 溢价（Upr）=（新股上市后开板日收盘价－公司发行价）/公司发行价,当 IPO 首日涨幅未达到 44% 时,采用首日收盘价;当首日涨幅达到 44% 时,则采用 IPO 之后涨幅第一次未达 10% 涨停幅度的当天收盘价。

（2）解释变量。模型中 KAM 是解释变量,为虚拟变量,当公司 IPO 招股说明书或审计报告中披露了关键审计事项时,KAM 等于 1;否则等于 0。

（3）控制变量。为了控制其他可能影响 IPO 溢价的因素,参考宋顺林和王彦超（2016）,徐欣、夏芸和李春涛（2016）,宋顺林和唐斯圆（2017）,王玉涛、刘瑞琳和张哲元（2018）、宋顺林和唐斯圆（2019）等人的研究,模型控制了公司规模（Lnta）、资产负债率（Lev）、总资产报酬率（ROA）、IPO 融资规模（Iposz）、中签率（Ballot）、股票平均换手率（Tvol）、成立时间（Lnage）、审计师声誉（Big10）、券商声誉（Uwr10）和市场情绪（Mktent）等。

四、实证结果

（一）描述性统计

表 2 列示了模型中变量的描述性统计量。

表 2   描述性统计

变量	均值	中位数	最小值	最大值	标准差
Upr	2.612	2.221	0.296	14.896	1.703
KAM	0.111	0.000	0.000	1.000	0.315
Lnta	20.712	20.535	18.969	25.839	1.022
Lev	0.404	0.401	0.039	0.927	0.164
ROA	0.091	0.075	−0.049	0.509	0.069
Iposz	10.696	10.586	9.105	14.813	0.688
Ballot	0.027	0.024	0.012	0.199	0.018
Tvol	0.084	0.074	0.011	0.298	0.038
Lnage	2.600	2.661	0.610	3.640	0.451
Big10	0.678	1.000	0.000	1.000	0.468
Uwr10	0.517	1.000	0.000	1.000	0.500
Mktent	0.013	0.014	−0.118	0.103	0.049

Upr 的均值为 2.612，中位数为 2.221，说明 2017 年和 2018 年公司 IPO 的平均溢价达到了近 261%，比徐欣、夏芸和李春涛（2016）以及宋顺林和唐斯圆（2017）等的发现要高，说明实行首日涨跌停板制度后的 IPO 溢价比未实行首日涨跌停板制度时上升；标准差为 1.703，说明不同公司之间的 IPO 溢价差异较大。从 *KAM* 的均值看，样本中有近 11% 的公司在招股说明书或审计报告中按照证监会的规定逐项描述了关键审计事项。从控制变量的描述性统计量可以看出，样本公司的资产负债率（*Lev*）平均为 40.4%，总资产报酬率（*ROA*）平均为 9.1%，与已上市公司相比，新上市公司的资产负债率更低，而总资产报酬率更高，财务状况整体较好。公司 IPO 时，申购的总中签率（*Ballot*）很低，平均仅有 2.7%，而换手率较高，股票平均换手率（*Tvol*）达到 8.4%。由排名前 10 的会计师事务所审计的 IPO 公司占了 67.8%，由排名前 10 的券商承销发行股票的 IPO 公司占了 51.7%，由此可见，经由高声誉会计师事务所和券商服务的 IPO 公司超过了一半。

（二）回归结果

表 3 列示了模型的回归结果。

表 3   回归结果

变量	（1）	（2）	（3）
常数项	14.369 *** (6.75)	14.042 *** (6.59)	14.254 *** (6.70)
KAM	0.446 ** (2.04)		
KAM_rev		0.349 (1.53)	

续表

变量	(1)	(2)	(3)
KAM_ipt			0.422 *
			(1.91)
Lnta	0.683 ***	0.701 ***	0.690 ***
	(4.61)	(4.67)	(4.63)
Lev	− 0.081	− 0.120	− 0.098
	(− 0.16)	(− 0.24)	(− 0.20)
ROA	5.034 ***	5.059 ***	5.050 ***
	(5.23)	(5.23)	(5.28)
Iposz	− 2.407 ***	− 2.408 ***	− 2.405 ***
	(− 10.76)	(− 10.71)	(− 10.73)
Ballot	26.052 ***	25.854 ***	25.813 ***
	(4.12)	(4.05)	(4.09)
Tvol	− 7.232 ***	− 7.186 ***	− 7.345 ***
	(− 4.73)	(− 4.69)	(− 4.70)
Lnage	− 0.333 ***	− 0.331 ***	− 0.334 ***
	(− 2.67)	(− 2.64)	(− 2.68)
Big10	0.018	0.023	0.004
	(0.15)	(0.20)	(0.03)
Uwr10	0.142	0.137	0.141
	(1.24)	(1.20)	(1.23)
Mktent	3.049 **	2.584 *	2.516 *
	(2.07)	(1.83)	(1.86)
N(个)	522	522	522
Adj. R^2	0.459	0.457	0.458

注：括号内为 T 统计量；*、** 和 *** 分别表示通过 10%、5% 和 1% 水平的显著性检验。下文同。

从第（1）列中可以看出，KAM 的系数为 0.446，在 5% 的水平上显著，说明披露了关键审计事项的公司 IPO 溢价显著更高，预期假设得到验证；同时，第（1）列中控制变量 Lnta、ROA、Ballot、Mktent 的系数显著为正，说明规模越大、业绩越好的公司 IPO 溢价越高，中签率高、市场情绪好的时候 IPO 溢价也高；而 Iposz、Tvol 和 Lnage 的系数显著为负，说明公司 IPO 的融资规模越大、平均换手率越高和公司成立时间越长，IPO 溢价越低。

在样本收集时我们注意到，IPO 公司披露的关键审计事项最普遍的是收入和资产减值两个关键审计事项，因此在发现总体上关键审计事项披露对 IPO 溢价有显著影响的基础上，更进一步分析这两个最为普遍的关键审计事项披露是否与 IPO 溢价存在显著关系。表 3 中第（2）列和第（3）列列示了涉及收入关键审计事项和资产减值关键审计事项的回归结果，第（2）列中 *KAM_rev* 的系数为 0.349，但系数检验不显著，第（3）列中 *KAM_ipt* 的系数为 0.422，且在 10% 的水平上显著为正，说明披露了资产减值关键审计事项的公司 IPO 溢价更高。

（三）稳健性检验

（1）控制公司年度和行业。回归结果表明，*KAM* 的系数为 0.472，在 5% 的水平上显著，*KAM_rev* 的系数为 0.296，系数检验不显著，*KAM_ipt* 的系数为 0.404，在 10% 的水平上显著，3 个模型中的控制变量回归结果与表 3 的回归结果没有实质性差异。

（2）PSM 回归。考虑到可能存在的内生性，因此采用了 PSM 回归来消除内生性可能带来的影响，得到结果如表 4 所示。

表 4　PSM 回归结果

变量	（1）	（2）	（3）
常数项	6.102	7.022	8.249
	(1.17)	(1.29)	(1.49)
KAM	0.548*		
	(1.79)		
KAM_rev		0.386	
		(1.14)	
KAM_ipt			0.700*
			(1.89)
控制变量	Yes	Yes	Yes
N(个)	46	46	46
Adj. R^2	0.383	0.355	0.413

由于 2018 年有部分未披露关键审计事项的公司，属于审计日期在 2017 年，但上市在 2018 年，这种情况可能存在噪声，因而 PSM 配对时未考虑该部分样本，直接用 2018 年披露了关键审计事项的公司与 2017 年上市未披露关键审计事项的公司进行一对一配对。在表 4 中，*KAM* 的系数为 0.548，在 10% 的水平上显著，同时，*KAM_ipt* 的系数为 0.700，也在 10% 的水平上显著。因此，上述稳健性检验的结果均说明预期假设成立，披露关键审计事项后，降低了 IPO 公司财务报表的不确定性，投资者增进了对公司财务报表的信任，IPO 溢价更高，而且披露资产减值关键审计事项带来的影响更大。

（3）采用其他 IPO 溢价计算方法。参考宋顺林和唐斯圆（2019）等采用上市后区间涨跌幅作为 IPO 溢价，采用公司上市首日起 20 日涨跌幅 *Date*20 作为 IPO 溢价进行分析，解释变量的回归结果如表 5 所示。表 5 中的基本回归结果表明，采用

20 日涨跌幅作为 IPO 溢价时，*KAM* 的系数为 0.697，*KAM_rev* 的系数为 0.624，*KAM_ipt* 的系数为 0.591，均在 1% 的水平上显著，控制变量与表 3 的结果没有实质性差异。表 5 中的 PSM 回归结果显示，*KAM* 的系数为 0.466，在 10% 的水平上显著，*KAM_rev* 的系数检验不显著，*KAM_ipt* 的系数为 0.578，且在 5% 的水平上显著，可见在采用 PSM 消除可能存在的内生性影响后，回归结果仍然稳健。因此，当采用 20 日涨跌幅作为 IPO 溢价时，预期假设仍然成立，披露关键审计事项后，IPO 公司的溢价提高了。

表 5　*Date*20 的回归结果

分类	变量	(1)	(2)	(3)
基本回归	*KAM*	0.697*** (4.95)		
	KAM_rev		0.624*** (4.25)	
	KAM_ipt			0.591*** (3.92)
	控制变量	控制	控制	控制
	N（个）	522	522	522
	Adj. R^2	0.550	0.544	0.542
PSM 回归	*KAM*	0.466* (1.96)		
	KAM_rev		0.405 (1.62)	
	KAM_ipt			0.578** (2.18)
	控制变量	控制	控制	控制
	N（个）	46	46	46
	Adj. R^2	0.423	0.405	0.451

（4）采用关键审计事项披露数量。将解释变量 *KAM* 由虚拟变量调整为离散变量即公司披露的关键审计事项个数进行回归分析。IPO 溢价分别采用 *Upr* 和 *Date*20 两个指标进行回归，结果如表 6 所示。当被解释变量为 *Upr* 时，*KAM* 的系数为 0.164，在 10% 的水平上显著；当被解释变量为 *Date*20 时，*KAM* 的系数为 0.289，在 1% 的水平上显著。这说明，当解释变量 *KAM* 采用披露的关键审计事项个数时，前述研究结论仍然成立，披露关键审计事项后，公司上市时的 IPO 溢价显著更高。

表 6   采用关键审计事项披露个数的回归结果

变量	被解释变量	
	Upr	Date20
常数项	14.229 ***	10.480 ***
	(6.72)	(8.51)
KAM	0.164 *	0.289 ***
	(1.68)	(4.26)
控制变量	控制	控制
N(个)	522	522
Adj. R²	0.457	0.547

（四）进一步分析

前面的分析发现，披露关键审计事项后，公司的 IPO 溢价提高，这说明关键审计事项的披露可能降低了财务报告信息的不确定性，使得投资者增进了对公司财务报告的信任，从而依赖财务报告信息进行投资决策的程度就会提高，即利用财务报表盈余信息进行投资决策的可能性增加，表现为盈余的价值相关性会得到增强。因此，下面进一步分析关键审计事项披露后，IPO 公司盈余的价值相关性是否得到增强。通过对关键审计事项披露与盈余价值相关性的分析，能进一步说明 IPO 公司披露关键审计事项带来的经济后果。为了检验 IPO 公司关键审计事项披露对盈余价值相关性的影响，参考姜付秀、石贝贝和马云飙（2016）的研究建立如下模型：

$$R = \beta_0 + \beta_1 KAM + \beta_2 ROA + \beta_3 KAM \times ROA + Controlvariable + \varepsilon \tag{2}$$

模型中 R 为公司 IPO 首日之后一段时间的持有收益率，分别采用上市后 20 日和 3 个月的持有收益率进行分析，盈余为总资产报酬率（ROA），模型中 KAM 和 ROA 交互项的系数是关键，如果系数显著为正，说明披露关键审计事项的 IPO 公司盈余价值相关性更强。

表 7 列示了 IPO 公司披露关键审计事项对盈余价值相关性影响的分析结果。

表 7   进一步分析的回归结果

变量	R = 20 日持有收益率	R = 3 个月持有收益率
常数项	1.918 ***	1.819 ***
	(12.36)	(9.07)
KAM	− 0.155	− 0.465 *
	(− 0.60)	(− 1.72)
ROA	37.634 ***	21.855
	(2.86)	(1.54)
KAM × ROA	6.080 ***	5.120 ***
	(3.24)	(3.01)

续表

变量	R = 20 日持有收益率	R = 3 个月持有收益率
控制变量 × ROA	控制	控制
行业	控制	控制
年度	控制	控制
N(个)	522	522
Adj. R²	0.262	0.195

当股票回报率采用 20 日的持有收益率时，KAM 和 ROA 交互项的系数为 6.080，在 1% 的水平上显著；当股票回报率采用 3 个月的持有收益率时，KAM 和 ROA 交互项的系数为 5.120，也在 1% 的水平上显著。因此，回归结果表明，披露了关键审计事项的 IPO 公司，其盈余反应系数更高，盈余价值相关性更强，说明 IPO 公司关键审计事项的披露，增进了投资者对财务报表的采信，增加了投资者决策中对财务报表盈余数据的使用，盈余指标与股票价格之间的相关性更强。为了检验此回归结果的稳健性，采用净资产收益率 ROE 作为盈余指标进行分析，回归结果表明，当采用 20 日持有收益率分析时，KAM 和 ROE 交互项的系数为 3.158，在 5% 的水平上显著；当采用 3 个月的持有收益率分析时，KAM 和 ROE 交互项的系数为 2.683，也在 5% 的水平上显著。说明改变盈余指标采用 ROE 时，回归结果仍然表明披露关键审计事项的 IPO 公司的盈余价值相关性更强。

表 8 列示的是将关键审计事项细分为收入和资产减值相关的两个子类事项的回归结果。

表 8　区分项目的进一步回归结果

变量	R = 20 日持有收益率		R = 3 个月持有收益率	
ROA	34.457 **	36.740 ***	20.126	21.000
	(2.58)	(2.87)	(1.40)	(1.49)
KAM_rev	−0.379		−0.605 **	
	(−1.50)		(−2.36)	
KAM_rev × ROA	6.456 ***		5.446 ***	
	(3.42)		(3.17)	
KAM_ipt		−0.341		−0.661 ***
		(−1.30)		(−2.69)
KAM_ipt × ROA		7.435 ***		6.538 ***
		(3.94)		(3.84)
控制变量、年度和行业	控制	控制	控制	控制
N(个)	522	522	522	522
Adj. R²	0.284	0.292	0.213	0.217

表 8 中，采用 20 日持有收益率分析时，收入关键审计事项 KAM_rev 和总资产报酬率 ROA 交互项的系数为 6.456，在 1% 的水平上显著；资产减值关键审计事项 KAM_ipt 和总资产报酬率 ROA 交互项的系数为 7.435，也在 1% 的水平上显著。当采用 3 个月的持有收益率分析时，KAM_rev 和 ROA、KAM_ipt 和 ROA 的交互项系数分别为 5.446 和 6.538，均在 1% 的水平上显著。同时，我们也采用 ROE 作为盈余指标进行稳健性回归分析，当采用 20 日持有收益率分析时，KAM_rev 和 ROE 交互项的系数为 3.567，在 5% 的水平上显著，KAM_ipt 和 ROE 交互项的系数为 4.660，在 1% 的水平上显著。当采用 3 个月持有收益率分析时，KAM_rev 和 ROE、KAM_ipt 和 ROE 的交互项系数分别为 3.100 和 4.111，分别在 5% 和 1% 的水平上显著。结果说明，披露收入关键审计事项和资产减值关键审计事项后，投资者增加了对财务报表的信赖，盈余价值相关性更强，表明关键审计事项披露对盈余价值相关性存在积极作用。

五、研究结论

自新审计报告准则在我国实施以来，已有不少文献研究了持续披露的审计报告中关键审计事项的沟通价值，但在 IPO 公司的首次信息披露中关键审计事项是否有增量信息尚未可知。而对于 IPO 公司，根据证监会 2017 年第 19 号公告的要求，应自 2018 年 1 月 1 日起实施新审计报告准则，因此本文通过手工收集样本，比较研究了 2017 年和 2018 年在沪深两市上市的 522 个 IPO 公司关键审计事项披露与 IPO 溢价之间的关系。研究结果表明，披露关键审计事项的公司 IPO 溢价显著更高，而且这一结论在进行了相关稳健性检验后仍然成立，并且发现区分涉及收入的关键审计事项和资产减值的关键审计事项后，研究结论也依然成立。此外，进一步分析还表明，披露关键审计事项后，IPO 公司的盈余价值相关性得到加强。本文的研究结论表明，在 IPO 公司的首次信息披露中，审计报告披露了关键审计事项，能增进投资者对公司财务报表的信任，从而提高对公司的估值，表现为上市之后的 IPO 溢价提高。这一研究结论，弥补了上市公司 IPO 首次信息披露中关键审计事项研究的空白；进一步拓展了 IPO 溢价的相关文献；还提供了关键审计事项提高了投资者对公司财务报表信任程度的证据，证实了关键审计事项披露强化盈余价值相关性的观点。

参考文献

陈丽红，张呈，张龙平，牛艺琳 . 2019. 关键审计事项披露与盈余价值相关性 . 审计研究，3：65 – 74.

郭欣慧 . 2018. 关键审计事项的市场反应研究——基于审计报告变革背景 . 南京财经大学硕士学位
　　论文 .

黄亮华, 汤晓燕 . 2020. 关键审计事项: 审计师的 "免责声明"? ——企业真实活动盈余管理和关键
　　审计事项披露的差异化 . 财经研究, 9: 1 – 16.

姜付秀, 石贝贝, 马云飙 . 2016. 董秘财务经历与盈余信息含量 . 管理世界, 6: 161 – 173.

阚京华, 张复赞 . 2019. 关键审计事项的披露对审计定价影响的实证研究 . 中国注册会计师, 7:
　　28 – 33.

李延喜, 赛骞, 孙文章 . 2019. 在审计报告中沟通关键审计事项是否提高了盈余质量? . 中国软科学,
　　3: 120 – 135.

柳木华, 雷霄 . 2020. 审计师利用专家工作抑制盈余管理了吗? ——基于关键审计事项的经验证据 .
　　审计研究, 1: 78 – 86.

冉明东, 徐耀珍 . 2017. 注册会计师审计报告改进研究——基于我国审计报告改革试点样本的分析 .
　　审计研究, 5: 62 – 69.

史永, 李思昊 . 2020. 披露关键审计事项对公司股价崩盘风险的影响研究 . 中国软科学, 6:
　　136 – 144.

宋顺林, 唐斯圆 . 2017. IPO 定价管制、价值不确定性与投资者 "炒新" . 会计研究, 1: 61 – 67.

宋顺林, 唐斯圆 . 2019. 首日价格管制与新股投机: 抑制还是助长? . 管理世界, 1: 211 – 224.

宋顺林, 王彦超 . 2016. 投资者情绪如何影响股票定价? ——基于 IPO 公司的实证研究 . 管理科学学
　　报, 5: 41 – 55.

王木之, 李丹 . 2019. 新审计报告和股价同步性 . 会计研究, 1: 86 – 92.

王旭东, 程安林 . 2018. 关键审计事项段信息含量实证研究 . 中国注册会计师, 10: 51 – 55.

王艳艳, 许锐, 王成龙, 于李胜 . 2018. 关键审计事项段能够提高审计报告的沟通价值吗? . 会计研
　　究, 6: 86 – 93.

王玉涛, 刘瑞琳, 张哲元 . 2018. 联合投资异质性对上市公司价值的影响与机理 . 金融研究, 2:
　　29 – 40.

吴青川, 魏建成 . 2019. 审计报告改革对盈余管理、审计费用的影响研究 . 中国注册会计师, 3:
　　38 – 44.

徐欣, 夏芸, 李春涛 . 2016. 企业自主研发、IPO 折价与创新能力的信号效应——基于中国创业板上
　　市公司的实证研究 . 经济管理, 6: 71 – 84.

薛刚, 王储, 赵西卜 . 2020. 谁更关心关键审计事项: 管理层还是分析师 . 审计研究, 2: 87 – 95.

鄢翔, 张人方, 黄俊 . 2018. 关键审计事项报告准则的溢出效应研究 . 审计研究, 6: 73 – 80.

张继勋, 蔡闫东, 刘文欢 . 2016. 标准审计报告改进、管理层和审计人员的关系与管理层沟通意愿 .
　　审计研究, 3: 77 – 83.

张继勋, 韩冬梅 . 2014. 标准审计报告改进与投资者感知的相关性、有用性及投资决策 . 审计研究,
　　3: 51 – 59.

赵刚, 江雨佳, 马杨, 吕雅铭 . 2019. 新审计准则实施改善了资本市场信息环境吗? ——基于分析师
　　盈余预测准确性的研究 . 财经研究, 9: 114 – 125.

庄飞鹏，韩慧林，闫慢慢．2020. IPO 企业关键审计事项披露现状及改进建议——基于新审计报告准则全面实施首年 IPO 企业的经验证据．中国注册会计师，2：71 – 77.

Backof, A., K. Bowlin, & B. Goodson. 2014. The impact of proposed changes to the content of the audit report on jurors' assessments of auditor negligence. *Working Paper.*

Brasel, K., M. M. Doxey, J. H. Grenier, & A. Reffett. 2016. Risk disclosure preceding negative outcomes: The effects of reporting critical audit matters on judgments of auditor liability. *The Accounting Review*, 91 (5): 1345 – 1362.

Brown, T., T. Majors, & M. Peecher. 2015. The influence of evaluator expertise, a judgment rule, and critical audit matters on assessments of auditor liability. *Working Paper.*

Christensen, B. E., S. M. Golver, & C. J. Wolfe. 2014. Do critical audit matter paragraphs in the audit report change nonprofessional investors' decision to invest?. *Auditing: A Journal of Practice & Theory*, 33 (4): 71 – 93.

Gimbar, C., B. Hansen, & M. E. Ozlanski. 2016. The effects of critical audit matter paragraphs and accounting standard precision on auditor liability. *The Accounting Review*, 91 (6): 1629 – 1646.

Key Audit Matter Disclosing and IPO Premium of Listed Companies

Shujuan Hu, Qiuhong Wang, Xiaolin Chen

Abstract: The new auditing report standards enforced since 2018 require IPO companies to disclose key audit matters of their financial statements auditing process in 2017 and beyond, and we take this opportunity to compare how key audit matters disclosed for the first time will influence IPO premium before and after the implementation of new auditing report standards. Empirical results show that companies according to new audit report standards disclosing key audit matters have higher IPO premiums, indicating that the disclosure of key audit matters will enhance the credibility of financial statements, leading to higher valuations by investors. Our findings still hold after controlling for a series of robustness tests including the endogeneity test, and after distinguishing key audit matters of revenue and asset impairment. The findings make contributions to better understand the communication value of key audit matters and factors that affect IPO premium.

Keywords: Key Audit Matters; IPO Premium; Audit Report

第 19 卷，第 2 辑，2020 年
Vol. 19，No. 2，2020

会 计 论 坛
Accounting Forum

企业社会责任信息披露与股价同步性：
"价值创造"还是"自利工具"？*

邹　萍　王　凯

【摘　要】企业披露社会责任信息究竟是出于股东的"价值创造"动机，还是出于管理层的"自利工具"动机，一直是企业社会责任研究中富有争议的话题。以 2009～2017 年中国 A 股上市公司为样本，本文考察了企业社会责任信息披露对股价同步性的影响以及传导路径。研究发现，企业披露社会责任信息与股价同步性呈正相关关系，而且信息透明度在企业社会责任信息披露对股价同步性的影响中发挥中介作用。这表明企业社会责任信息披露并没有使企业股票被合理定价，反而干扰了投资者的判断，导致股价同步性提高，支持了企业披露社会责任信息的"自利工具"动机。进一步基于产权性质进行异质性分析发现，相较于国有企业，非国有企业的社会责任信息披露对股价同步性的提升作用更加突出。

【关键词】企业社会责任信息披露；股价同步性；信息透明度；产权性质；自利工具

收稿日期：2020 - 05 - 30
基金项目：国家社会科学基金项目（17CGL014）；中央高校基本科研业务费专项基金项目（2662020JGPY010）
作者简介：邹萍，女，博士，华中农业大学经济管理学院会计系副教授，bigsnail1984@ 126. com；王凯，男，华中农业大学经济管理学院会计系本科生。
* 作者感谢审稿人对本文的宝贵意见，但文责自负。

企业社会责任信息披露与股价同步性："价值创造"还是"自利工具"？

一、引言

随着经济社会的不断发展，企业的利益相关者范围逐渐扩大且日益复杂化，单纯的财务信息已经不能满足利益相关者的信息需求。作为重要的非财务信息之一，企业社会责任信息是利益相关者了解企业社会责任履行状况最有效的途径。履行了社会责任的企业也需要通过合适的方式披露相应的信息。正因如此，企业社会责任信息披露问题逐渐受到理论界和实务界的热切关注。自2006年深圳证券交易所出台《上市公司社会责任指引》以来，中国企业发布的社会责任报告数量开始大幅增加，从2006年的仅33份报告，到2016年已增加至1710份。企业社会责任报告数量的大幅攀升意味着企业社会责任信息在中国资本市场中日益受到重视。

现有研究将企业社会责任（信息披露）的动机主要分为"价值创造"和"自利工具"两种相反的观点。其中，"价值创造"理论认为企业社会责任（信息披露）可以改善企业与利益相关者的关系并降低二者间的信息不对称程度，从而提高利益相关者的决策质量，长期来看有利于企业发展和价值增加（Hillman and Keim，2001；Fombrun，2005）。而"自利工具"理论则认为企业会利用社会责任（信息披露）转移利益相关者对负面信息如管理层机会主义行为等的关注，进而影响利益相关者对企业价值的判断，长期来看对企业发展和价值增加不利（Goel and Thakor，2003；戴亦一、潘越和冯舒，2014；权小锋、吴世农和尹洪英，2015）。

股价同步性是各国证券市场普遍存在的现象。作为重要的新兴资本市场之一，中国资本市场的股价同步性长期处于世界前列（Morck，Yeung and Yu，2000；Jin and Myers，2006）。过高的股价同步性表明股票价格信息含量低，投资者不能得到充足的信息从而难以甄别出真正有潜力的企业，严重制约了资本市场的资源配置效率。企业社会责任信息是目前中国资本市场上最主要的非财务信息之一，监管部门要求对它进行披露的初衷在于改善资本市场信息环境，降低企业与利益相关者间的信息不对称程度，以期达到降低股价同步性的效果。但是事实上企业披露社会责任信息的动机未必与监管部门的初衷一致。如果企业基于"价值创造"动机披露社会责任信息，股价中会融入更多真实的公司特质信息，可提高信息定价效率从而降低股价同步性。但是如果企业基于"自利工具"动机，试图通过披露社会责任信息来转移市场注意力，进而隐藏负面信息，则会导致股价更多地受到市场、行业等宏观因素的影响，从而提高股价同步性。因此，研究企业社会责任信息披露与股价同步性的关系，不仅有助于判断中国企业披露社会责任信息的动机，也可为评估企业社会责任信息披露在中国资本市场中发挥的作用提供有效依据。

基于此，本文以2009~2017年沪深A股上市公司为样本，研究企业社会责任信息披露对中国资本市场股价同步性的影响及其传导路径。研究发现，企业披露社会责任信息会显著增加其股价同步性，而且信息透明度是企业社会责任信息披露影响股价同步性的中介机制。这说明企业社会责任信息披露一定程度上扭曲了市场信息，导致股价同步性上升，从而支持"自利工具"动机。进一步基于产权性质进行异质性分析发现，相较于国有企业，非国有企业的社会责任信息披露对股价同步性的提升作用更加突出。

　　本文的主要贡献在于以下三点。第一，支持了中国企业披露社会责任信息的"自利工具"动机。以往大部分研究主要从财务绩效、经理人薪酬激励、股价崩盘风险等方面支持企业披露社会责任信息的"自利工具"动机。而本文从股价同步性的角度为企业披露社会责任信息的"自利工具"动机提供了经验证据。第二，反映出企业社会责任信息自愿披露和应规披露两种不同制度安排下的差异性经济后果，为完善中国企业社会责任信息披露制度提供了经验证据。本文的实证结果证明，应规披露和国有企业披露对股价同步性没有显著影响，而自愿披露和非国有企业披露显著地提高了股价同步性，进一步验证了企业披露社会责任信息的"自利工具"动机。第三，分析了企业社会责任信息披露影响股价同步性的可能路径。本文研究表明企业社会责任信息披露通过影响信息透明度提高股价同步性，与现有关于股价同步性"非理性原因"理论的研究结论保持一致，表明当前中国资本市场仍存在较大噪声。

二、文献综述与研究假设

（一）文献综述

1. 股价同步性

King（1966）最早通过资本资产定价模型（CAPM）研究了个股回报率与市场、行业回报率的显著相关性，证明市场因素和行业因素对个股价格波动的解释作用。而 Roll（1988）提出将公司特质信息纳入影响个股价格波动的因素中，且以此解释了资本资产定价模型解释力下降的原因，同时提出"偶然疯狂因素"也可能造成股价剧烈波动。基于 Roll（1988）的研究，后续学者主要从"信息定价效率"和"非理性原因"两个方面探讨股价同步性。

"信息定价效率"理论认为，股价的信息含量，尤其是公司特质信息，是导致股价同步性现象产生的主要原因。Morck、Yeung 和 Yu（2000）用根据个股收益率和市场收益率回归所得 R^2 的大小衡量股票价格中公司特质信息的多少。以该研究为基础，后续大量研究采用 R^2 作为股价同步性的代理变量，并且发现，在 R^2 较低的公司和行业中股票当前收益率与未来收益率间存在高度相关性，原因在于股价中融入了更多公司特质信息（Gul，Kim and Qiu，2010）。沿用"信息定价效率"理论，许多学者扩展分析了影响股价同步性的其他因素。研究发现机构投资者具备广泛的信息渠道和强大的信息处理能力，凭借其信息优势作为知情人参与市场交易可以增加股价中的公司特质信息含量，从而降低股价同步性（侯宇和叶冬艳，2008；陈冬华和姚振晔，2018）。而对于在资本市场同样发挥关键作用的分析师，他们作为信息中介时刻关注上市公司的信息披露，通过发布分析师报告向资本市场传递更高质量的公司特质信息，从而导致更多的真实公司特质信息更加及时地融入股价，进而降低股价同步性（官峰、王俊杰和章贵桥，2018；伊志宏、杨圣之和陈钦源，2019）。

"非理性原因" 理论认为，市场上存在的干扰因素（即噪声）才是股价同步性现象产生的原因，而公司特质信息含量的增加并不一定会降低股价同步性。研究发现，企业信息透明度越高，股价同步性反而越高（王亚平、刘慧龙和吴联生，2009）。同样有研究以机构投资者持股比例作为信息含量的代理变量，发现信息含量与股价同步性呈现倒 U 形关系（张永任和李晓渝，2010）。对此，许年行、洪涛和吴世农等（2011）指出投资者的不理性行为所导致的信息传递偏差是中国资本市场股价同步性过高的主要原因，具体而言，投资者决策时出现的集中式 "群体极化" 偏差会导致 "狂热" 信息以 "群聚" 方式传递，而分散式 "群体极化" 偏差导致 "恐慌" 信息以 "分散" 方式传递，最终对股价同步性造成 "反转" 影响。

2. 企业社会责任（信息披露）

目前关于企业社会责任（信息披露）的动机研究尚存争议，有 "价值创造" 和 "自利工具" 两种对立的理论。

"价值创造" 理论认为企业通过履行社会责任可以加强与各利益相关者之间的联系，长期来看提升了企业绩效和股东利益。研究认为企业将社会责任视为一种维护利益相关方关系的资产，作为企业的重要资源提高其竞争优势进而增加股东利益（Hillman and Keim，2001；Barney，2018）。企业履行社会责任可以提高其声誉，从而改善企业绩效（Fombrun，2005；Lai, Chiu and Yang et al.，2010）。企业社会责任信息披露能够增强企业与市场的沟通，降低上市公司与投资者之间的信息不对称程度，从而降低股价崩盘风险（宋献中、胡珺和李四海，2017）。此外，研究发现企业社会责任对抑制盈余管理、促进技术创新、提高企业金融化等发挥积极作用，从而提高企业价值（陈国辉、关旭和王军法，2018；张思雪和林汉川，2018；刘姝雯、刘建秋和阳旸等，2019）。

"自利工具" 理论则认为企业会利用社会责任（信息披露）转移利益相关者对负面信息如管理层机会主义行为的关注，进而影响利益相关者对企业价值的判断，长期来看对企业发展和股东利益不利。Friedman（1970）指出管理层在履行社会责任时并非完全为股东利益服务。而 Hemingway 和 Maclagan（2004）直接将粉饰管理层失德行为、转移股东注意视为企业履行社会责任的动机之一。权小锋、吴世农和尹洪英（2015）认为中国企业社会责任（信息披露）是出于掩饰负面信息的 "自利工具" 动机，从而导致股价崩盘风险大幅提升。同样，大量研究证明大部分国内企业利用社会责任的

"工具性"为自己疏通政治关系、建立政治关联（贾明和张喆，2010；田利辉和张伟，2013；戴亦一、潘越和冯舒，2014；Jia and Zhang，2018）。因此，"自利工具"理论认为企业社会责任（信息披露）是管理层以自身利益为中心的表现，视企业社会责任为掩盖负面信息的工具，最终损害股东权益和企业价值。

（二）研究假设

关于企业社会责任（信息披露）主要有"价值创造"和"自利工具"两种对立的理论，因此本文在推导企业社会责任信息披露与股价同步性的关系时提出一对竞争性假设。

基于"价值创造"理论，如果企业履行社会责任是出于为企业创造更多价值的目的，那么企业会通过披露社会责任信息向市场传递企业履行社会责任状况的公司特质信息，缓解上市公司与投资者之间的信息不对称，从而降低其股价同步性。股价同步性产生的关键因素之一便是资本市场中的信息不对称，导致股价中的公司特质信息含量过低。而企业社会责任信息作为传统财务信息的有效丰富和补充，在资本市场中同样发挥着降低企业与投资者间的信息不对称程度的作用。依据代理理论，如果管理层具有较高道德标准且工作勤勉，则会以股东利益最大化为出发点切实履行企业社会责任，并通过向股东披露更多社会责任履行的真实情况来缓解信息不对称。从利益相关者理论来看，为了维护企业在外部投资者和员工、客户、供应商、社区等非股东利益相关者中的良好声誉和社会地位，且与政府、监管部门以及立法机构保持良好关系，管理层会通过披露更多企业的真实特质信息来满足利益相关者的信息获取和监督需求，缓解信息不对称。因此，如果企业通过披露社会责任信息达到了有效传递公司特质信息的目的，则其股票价格会因融入更多特质信息而降低同步性。据此，提出如下假设：

H1a：其他条件相同时，企业披露社会责任信息导致其股价同步性下降。

基于"自利工具"理论，企业会选择利用履行社会责任和披露社会责任信息来掩盖企业盈利能力不足或其他负面信息，转移投资者的注意力，从而影响资本市场信息效率，导致其股价同步性提高。依据代理理论，企业履行企业社会责任并不总是以股东利益最大化为目的：（1）管理层个人偏好，即管理层以提升其个人的社会声誉和地位为目的，利用企业资源履行社会责任（信息披露）；（2）管理层捂盘，即企业履行社会责任是为了美化企业的社会形象，转移利益相关者对企业负面信息的注意力，从而方便管理层盈余管理等行为的实施，掩盖其失德行为（Masulis and Reza，2015；Prior，Surroca and Tribo，2008）。有研究指出那些自愿披露社会责任信息的企业往往会对披露信息进行选择，故意报喜不报忧（Brooks and Oikonomou，2018）。上述行为会导致管理层选择性披露甚至虚假披露企业社会责任信息，进而恶化市场信息环境，增加市场噪声。当前中国资本市场尚处于不断完善的过程中，制度监管相对不足，市场噪声多，投资者非理性行为较普遍，为企业利用社会责任信息披露转移投资者注意力、掩盖负面信息提供了契机。因此，在当前中国的资本市场环境下，企业利用社会责任信息披露制造了更多的市场噪声，干扰股票的合理定价，从而导致股价同步性上升。据此，提出如下假设：

H1b：其他条件相同时，企业披露社会责任信息导致其股价同步性上升。

三、研究设计

（一）样本来源

本文选取 2009~2017 年 A 股上市公司为初始研究样本，其中企业财务数据来自国泰安数据库，企业社会责任信息数据来自润灵环球社会责任报告评级数据库。2008 年上交所和深交所相继规定部分企业必须披露社会责任信息，因此样本起始年度选为 2009 年。本文根据如下原则对样本进行筛选和处理：（1）删除金融业公司样本；（2）删除 ST 类公司样本；（3）删除财务数据有缺漏值的公司样本；（4）为避免异常值的影响，对主要连续变量在 1% 和 99% 水平上进行 Winsorize 缩尾处理。根据上述原则处理后，最终得到 16932 个样本，其中 4355 个样本发布了企业社会责任报告。

（二）实证模型

为检验假设，我们构建了如下模型：

$$SYN_{i,t} = \alpha_0 + \alpha_1 CSR_{i,t} + \gamma \sum Controls_{i,t} + \sum Year + \sum Industry + \varepsilon_{i,t} \tag{1}$$

其中，$SYN_{i,t}$ 表示公司 i 第 t 年的股价同步性，$CSR_{i,t}$ 表示公司 i 第 t 年是否发布企业社会责任报告，$Controls_{i,t}$ 表示公司 i 第 t 年的控制变量，$Year$ 表示年度虚拟变量，$Industry$ 表示行业虚拟变量。根据假设 H1a，式（1）中 $CSR_{i,t}$ 的系数应显著为负，支持企业社会责任信息披露的 "价值创造" 动机；根据假设 H1b，式（1）中 $CSR_{i,t}$ 的系数应显著为正，支持企业社会责任信息披露的 "自利工具" 动机。

（三）变量定义

（1）股价同步性。参考 Gul、Kim 和 Qiu（2010）以及李增泉、叶青和贺卉（2011）的做法，构建以下模型：

$$RET_{i,j} = \alpha + \beta_1 MKTRET_j + \beta_2 MKTRET_{j-1} + \beta_3 INDRET_j + \beta_4 INDRET_{j-1} + \varepsilon_{i,j} \qquad (2)$$

其中，$RET_{i,j}$ 表示公司 i 第 j 日的个股收益率，$MKTRET_j$ 和 $INDRET_j$ 分别表示第 j 日的市场市值加权收益率和行业收益率，此处计算行业收益率时删除了公司 i。而考虑到市场日收益率和行业日收益率中可能存在非同步交易偏差，因此加入滞后一期的市场日收益率 $MKTRET_{j-1}$ 和行业日收益率 $INDRET_{j-1}$ 加以控制。基于上述回归得到的 R^2，本文定义股价同步性如下：

$$SYN_{i,t} = \ln\left(\frac{R_{i,t}^2}{1 - R_{i,t}^2}\right) \qquad (3)$$

（2）企业社会责任信息披露。对于是否披露企业社会责任信息，本文定义虚拟变量 $CSR_{i,t}$，如果公司 i 第 t 年发布了企业社会责任报告则该变量取 1，否则取 0。

（3）控制变量。参考 Kim、Li 和 Li（2014）和伊志宏、杨圣之和陈钦源（2019）的做法，本文选取如下控制变量：公司规模（$Size$）、总资产收益率（ROA）、资产负债率（Lev）、市值账面比（MB）、第一大股东持股比例（$TOP1$）、财务报表是否为四大审计（$BIG4$）、产权性质（Soe）、分析师跟踪人数（$Analysts$）。具体定义见表 1。

表 1　变量定义

变量类型	符号	变量定义
被解释变量	SYN	股价同步性,数值越大,股价同步性越高
解释变量	CSR	是否披露企业社会责任信息,是则为1,否则为0
控制变量	Size	公司规模,公司总资产的自然对数
	ROA	总资产收益率,公司净利润和平均资产总额的比值
	Lev	资产负债率
	MB	市值账面比,公司市值和账面价值的比值
	TOP1	第一大股东持股比例
	BIG4	财务报表是否为四大审计,是则为1,否则为0
	Soe	产权性质,国有企业为1,否则为0
	Analysts	分析师跟踪人数,取人数的自然对数

（四）描述性统计

表 2 展示了主要变量的描述性统计结果。SYN 最大值 2.150，最小值 −12.316，说明各公司之间股价同步性存在较大差异；CSR 的均值为 0.257，说明发布了企业社会责任报告的样本约占总观测样本的 25.7%；$TOP1$ 的均值为 36.149%，说明我国上市公司股东中"一股独大"现象仍较为显著；Soe 的平均值为 0.381，说明国有企业约占总观测样本的 38.1%；ROA 和 Lev 的平均值分别为 6.5% 和 42.5%，与伊志宏、杨圣之和陈

钦源（2019）的结果 3.7% 和 42.0% 十分相近；*BIG*4 的均值为 0.063，说明观测样本中财务报表被国际 "四大" 审计的比例约为 6.3%；*Analysts* 最大值为 4.331，最小值为 0.693，说明各公司被分析师关注的程度差异较大。

表 2　变量描述性统计

变量名称	平均值	标准差	最小值	中位数	最大值
SYN	− 0.721	0.996	− 12.316	− 0.569	2.150
CSR	0.257	0.437	0.000	0.000	1.000
*TOP*1	36.149	15.296	3.550	34.450	89.410
Soe	0.381	0.486	0.000	0.000	1.000
ROA	0.065	0.075	− 3.749	0.060	2.646
Lev	0.425	0.496	0.008	0.413	55.409
Size	22.151	1.331	13.763	21.958	28.509
MB	2.672	19.915	0.083	1.811	2352.941
*BIG*4	0.063	0.243	0.000	0.000	1.000
Analysts	2.228	0.890	0.693	2.303	4.331

四、实证分析

（一）回归分析

表 3 展示了对假设的回归结果。第（1）列为对全样本的回归结果，结果显示 *CSR* 的系数在 1% 的显著性水平上为正，即披露了社会责任信息的企业，其股价同步性更高，验证了假设 H1b，从而支持了企业披露社会责任信息的 "自利工具" 动机。控制变量的回归结果与周林洁（2014）、胡军和王甄（2015）以及杨有红和闫珍丽（2018）的研究结果相吻合，其中 *TOP*1、*ROA*、*Lev*、*MB*、*BIG*4、*Soe* 的系数均显著为负，*Size*、*Analysts* 的系数均显著为正。

表 3　企业社会责任信息披露与股价同步性

变量	（1）全样本	（2）是否应规披露	（3）是否自愿披露
CSR	0.0507 ***	0.0029	0.1071 ***
	（3.2397）	（0.1464）	（4.9857）
*TOP*1	− 0.0037 ***	− 0.0037 ***	− 0.0045 ***
	（− 8.9952）	（− 8.4712）	（− 9.7135）

续表

变量	（1） 全样本	（2） 是否应规披露	（3） 是否自愿披露
Soe	− 0. 0314 **	− 0. 0328 **	− 0. 0142
	（ − 2. 1777 ）	（ − 2. 1163 ）	（ − 0. 8791 ）
ROA	− 0. 8242 ***	− 0. 8411 ***	− 0. 7662 ***
	（ − 9. 4449 ）	（ − 9. 2265 ）	（ − 8. 1023 ）
Lev	− 0. 0655 ***	− 0. 0608 ***	− 0. 0563 ***
	（ − 4. 9114 ）	（ − 4. 4812 ）	（ − 4. 0944 ）
Size	0. 0706 ***	0. 0792 ***	0. 0475 ***
	（10. 8112 ）	（11. 2664 ）	（6. 1690 ）
MB	− 0. 0014 ***	− 0. 0014 ***	− 0. 0015 ***
	（ − 4. 2332 ）	（ − 4. 0704 ）	（ − 4. 2157 ）
BIG4	− 0. 0494 *	− 0. 0315	− 0. 0962 **
	（ − 1. 8435 ）	（ − 1. 0966 ）	（ − 2. 5025 ）
Analysts	0. 0458 ***	0. 0475 ***	0. 0609 ***
	（6. 0486 ）	（5. 9033 ）	（7. 2775 ）
Year	已控制	已控制	已控制
Industry	已控制	已控制	已控制
Constant	− 3. 5275 ***	− 3. 7336 ***	− 2. 9965 ***
	（ − 24. 9812 ）	（ − 24. 4522 ）	（ − 17. 8658 ）
N（个）	16932	15333	14176
Adjusted R^2	0. 494	0. 494	0. 494

注：＊、＊＊、＊＊＊分别表示在 10%、5%、1% 的水平上显著，括号内为 t 值，下文同。

为深入验证企业披露社会责任信息的"自利工具"动机，本文将样本细分为是否应规披露样本组和是否自愿披露样本组。2008 年上交所和深交所先后发布了《关于做好上市公司 2008 年年度报告工作的通知》，强制要求包括上证"公司治理板块"公司、深证 100 指数成分股公司等在内的部分上市公司发布社会责任报告，同时鼓励其余上市公司发布社会责任报告。自此，中国上市公司披露社会责任信息的行为便分为应规披露和自愿披露两种模式。

第（2）列为对是否应规披露样本组的回归结果，其中 *CSR* 的系数不再显著，说明企业被强制要求披露社会责任信息时，其股价同步性几乎不受影响；第（3）列为对是否自愿披露样本组的回归结果，其中 *CSR* 的系数显著为正，即企业在自愿披露社会责任信息时，股价同步性被显著地大幅度提高。通过比较企业应规披露和自愿披露社会责任信息对股价同步性的影响，进一步说明企业主动披露社会责任信息具有"自利工具"动机。

（二）路径研究：信息透明度的中介作用

信息透明是资本市场有效运转的重要前提。黄荷暑和周泽将（2017）研究认为，企业社会责任信息一定程度上发挥着类似于财务信息的披露作用，可以显著降低投资者与上市企业的信息不对称程度，提高企业信息透明度。而根据 Cho、Lee 和 Pfeiffer（2013）的研究结果，无论是积极还是消极的社会责任绩效均可驱使企业提高其信息透明度，因为表现良好的企业希望披露更多业绩信息来展示其经营质量，而表现不佳的企业则希望进一步披露相关信息解释此消极结果。据此，无论企业出于何种动机进行社会责任信息披露，最终的结果均会导致企业向其利益相关者披露更多信息，从而提高其信息透明度。

根据股价同步性的"非理性原因"观点，当资本市场噪声过大时，投资者出现非理性行为的可能性更大，此时企业提高信息透明度，反而会导致股价同步性上升（Dasgupta，Gan and Gao，2010；Lee and Liu，2011）。具体到中国的资本市场上，王亚平、刘慧龙和吴联生（2009）发现我国资本市场的信息定价效率处于较低水平，而且存在很多非理性因素，表现出企业信息透明度越高，股价同步性越高的现象。沈华玉、郭晓冬和吴晓晖（2017）的研究也支持股价同步性的"非理性原因"观点，发现企业信息透明度对其股价同步性有正向影响，而且会计稳健性与信息透明度对股价同步性的影响呈相互替代关系。与发达国家资本市场相比，我国资本市场尚不成熟，资源配置效率和信息定价效率等都有待提高，股票价格受市场噪声的干扰严重，使得信息透明度与股价同步性呈正向关系。因此，信息透明度在企业社会责任信息披露与股价同步性的关系中可能发挥了中介效应。

本文采用应计项目盈余管理程度衡量信息透明度。参考 Dechow、Sloan 和 Sweeney（1995），Aboody、Hughes 和 Liu（2005）以及李春涛、宋敏和张璇（2014）的做法，定义信息透明度变量：$AbsDA_{i,t}$ 表示公司 i 第 t 年应计项目盈余管理的绝对值，作为信息透明度的衡量指标，其数值越大，表明信息透明度越低。

为检验信息透明度的中介效应，本文参考温忠麟、张雷和侯杰泰等（2004）的做法进行中介效应检验。中介效应检验分三步展开：第一步（Path A），检验社会责任信息披露对股价同步性的影响；第二步（Path B），检验社会责任信息披露对信息透明度的影响；第三步（Path C），检验社会责任信息披露和信息透明度对股价同步性的影响。

Path A 的检验结果见表3，即企业披露社会责任信息会对其股价同步性产生显著正向促进效果。因此，企业社会责任信息披露会提高股价同步性的总效应存在，中介效应 Path A 通过检验。表4报告了中介效应 Path B 和 Path C 的检验结果。第（1）列为对全样本的回归结果，结果显示 CSR 的系数在1%的显著性水平上为负，即企业披露社会责任信息可以显著提高其信息透明度；第（2）列为对是否自愿披露社会责任信息的公司样本，即只包括自愿披露和未披露的公司样本的回归结果，结果显示 *CSR* 的系数也在 1% 的显著性水平上为负，进一步说明企业主动披露社会责任信息对其信息透明度的增加更为显著。因此，企业社会责任信息披露可以显著提高企业的信息透明度，信息透明度通过中介效应 Path B 检验。在 Path A 检验的基础上加入信息透明度 *AbsDA* 进行 Path C 检验，第（3）列和第（4）列的回归结果显示：无论是全样本还是是否自愿披露样本，*AbsDA* 的系数均在 1% 的显著性水平上为负，证明信息透明度的中介效应存在。且加入信息透明度 *AbsDA* 后，*CSR* 系数的显著性水平明显降低，且第（3）列中 *CSR* 的系数已不显著，证明信息透明度在企业社会责任信息披露与股价同步性之间起到较强的中介作用。进一步对信息透明度 *AbsDA* 的中介效应做了 Sobel 检验。结果显示，对于全样本和是否自愿披露的样本，Sobel 检验的 Z 值分别在 1% 和 5% 的水平上显著，证明了信息透明度的中介效应。

表 4　信息透明度的中介效应

变量	Path B		Path C	
	（1） 全样本	（2） 是否自愿披露	（3） 全样本	（4） 是否自愿披露
CSR	− 0.005 *** （− 4.157）	− 0.006 *** （− 3.313）	0.010 （0.782）	0.030 * （1.671）
AbsDA			− 0.400 *** （− 4.528）	− 0.376 *** （− 3.939）
其他控制变量	已控制	已控制	已控制	已控制
Year	已控制	已控制	已控制	已控制
Industry	已控制	已控制	已控制	已控制
N（个）	14907	12196	14907	12196
Adjusted R^2	0.0890	0.0890	0.513	0.513
Sobel Test's Z-value			3.062 ***	2.535 **

注：在计算信息透明度 *AbsDA* 时用到多种财务数据，由于这些数据存在部分缺失值，因此回归样本减少。

五、拓展分析：产权性质的影响

国有企业和非国有企业在经营目标上存在一定差异，而且政府对不同产权性质的企业的干预程度也不一样，导致不同产权性质的企业披露社会责任信息的动机有差异。国有企业是中国国民经济的重要支柱，除了经济责任外，还承担了国家赋予的政治责任和社会责任。国有企业不但要努力经营获取经济利益，还要协助政府完成改善就业、扶贫、赈灾等关乎国计民生的重要任务。国有企业要主动承担更多的社会责任，还要更积极地披露社会责任信息，但这是国有企业产权为政府所控的自然结果。相比非国有企业，国有企业披露社会责任信息的 "自利工具" 动机较低。非国有企业不但经营目标更加单一，而且与政府关系不够密切，较难获取政府的关照与资源。为此，非国有企业有较强动机利用社会责任（信息披露）的 "工具性" 与政府建立政治关联，甚至进行政治寻租（田利辉和张伟，2013；戴亦一、潘越和冯舒，2014；邹萍，2018）。因此，相比国有企业，非国有企业披露社会责任信息的 "自利工具" 动机更强，即其社会责任信息披露更容易导致股价同步性的提高。

表 5 列示了产权性质之影响的回归结果。第（1）列和第（2）列为全样本下国有企业和非国有企业的分组回归结果，结果显示非国有企业样本组中 *CSR* 的系数在 5% 的显著性水平上为正，而国有样本的 *CSR* 系数不再显著，表明社会责任信息披露对股价同步性的正向作用在非国有企业中较为突出。第（3）列和第（4）列为是否自愿披露样本下国有企业和非国有企业的回归结果，与全样本回归结果保持一致，进一步表明非国有企业披露社会责任信息具有较强的 "自利工具" 动机。

表 5 产权性质的影响

变量	全样本		是否自愿披露	
	（1） 国有企业	（2） 非国有企业	（3） 国有企业	（4） 非国有企业
CSR	− 0.0218	0.0459 **	0.0183	0.0414 *
	（− 1.2416）	（2.3609）	（0.6840）	（1.7807）
其他控制变量	已控制	已控制	已控制	已控制
Year	已控制	已控制	已控制	已控制
Industry	已控制	已控制	已控制	已控制
N（个）	5965	8942	3941	8255
Adjusted R^2	0.5061	0.4223	0.4853	0.4169

六、稳健性检验

（一）倾向评分匹配

上述所选样本可能存在自选择问题，即资产规模更大、经营绩效更好、监督约束更强的企业更倾向于选择披露社会责任信息，来满足监管披露要求并增强其良好业绩的市场影响，而同时这些企业的股价本身可能已经有较高的特质信息含量。因此，本文采用倾向评分匹配法（PSM），重新对假设进行实证分析。表 6 报告了倾向评分匹配后的稳健性检验结果。

表 6　企业社会责任信息披露与股价同步性（基于倾向评分匹配后的样本）

变量	（1） 全样本	（2） 是否应规披露	（3） 是否自愿披露
CSR	0.058 ***	0.014	0.097 ***
	(4.064)	(0.766)	(5.024)
其他控制变量	已控制	已控制	已控制
Year	已控制	已控制	已控制
Industry	已控制	已控制	已控制
N（个）	10149	8608	7875
Adjusted R^2	0.493	0.493	0.493

对于倾向评分匹配的做法，参照 Chen、Huang 和 Wang（2017）以及田利辉和王可第（2017）的研究，选取产权性质（*Soe*）、资产负债率（*Lev*）、总资产收益率（*ROA*）、公司规模（*Size*）、分析师跟踪人数（*Analysts*）作为匹配变量，为披露社会责任报告的企业匹配控制样本。倾向评分匹配模型以是否披露企业社会责任信息为被解释变量进行 Logit 回归。用所得上述匹配变量的回归系数作为权重，得出每个样本的倾向评分，从而根据该评分进行有放回、一对多的最近邻匹配。根据倾向评分匹配模型在原样本的基础上选出新的样本组合，重新对假设进行实证分析。第（1）列全样本的回归结果中 *CSR* 的系数仍在 1% 的显著性水平上为正，第（2）列是否应规披露样本的回归结果中 *CSR* 的系数同样不再显著，第（3）列是否自愿披露样本的回归结果中 *CSR* 的系数仍在 1% 的显著性水平上为正，与上文结论保持吻合。

为验证信息透明度中介作用的稳健性，同样根据温忠麟、张雷和侯杰泰等（2004）逐步检验的方法对倾向评分匹配后的新样本进行检验。表 7 报告了采用倾向评分匹配后的样本进行的中介效应 Path B 和 Path C 的稳健性检验结果。第（1）列为全样本回归结果，第（2）列为是否自愿披露样本的回归结果，其中 *CSR* 的系数均显著为负。第（3）列和第（4）列为中介效应 Path C 的检验结果，与表 4 的中介效应 Path C 检验结果相吻合。Sobel 检验结果显示对于全样本和是否自愿披露的样本，Sobel 检验的 Z 值在 5% 的水平上显著，均与信息透明度发挥中介作用的结论保持一致。

表 7　信息透明度的中介效应（基于倾向评分匹配后的样本）

变量	Path B		Path C	
	（1）全样本	（2）是否自愿披露	（3）全样本	（4）是否自愿披露
CSR	−0.005 ***	−0.005 ***	0.013	0.044 **
	（−3.784）	（−3.073）	（0.937）	（2.336）
$AbsDA$			−0.404 ***	−0.396 ***
			（−3.578）	（−3.123）
其他控制变量	已控制	已控制	已控制	已控制
Year	已控制	已控制	已控制	已控制
Industry	已控制	已控制	已控制	已控制
N（个）	9279	7042	9279	7042
Adjusted R^2	0.0924	0.0924	0.510	0.510
Sobel Test's Z-value			2.600 **	2.190 **

（二）变量替换

（1）股价同步性。本文参考 Morck、Yeung 和 Yu（2000）以及 Gul、Kim 和 Qiu（2010）的做法，对于所选公司样本每年进行如下回归：

$$RET_{i,j} = \alpha + \beta_1 MKTRET_j + \beta_2 INDRET_j + \varepsilon_{i,j} \tag{4}$$

其中，$RET_{i,j}$ 表示公司 i 第 j 日的个股收益率，$MKTRET_j$ 和 $INDRET_j$ 分别表示第 j 日的市场市值加权收益率和行业收益率，此处计算行业收益率时删除了公司 i。将上述回归得到的 R^2 代入式（2）中，获得新的股价同步性指标。表 8 为替换股价同步性变量后的检验结果。

表 8　企业社会责任信息披露与股价同步性（替换主要变量）

变量	（1）全样本	（2）是否应规披露	（3）是否自愿披露
CSR	0.1097 ***	0.0344	0.1735 ***
	（5.5876）	（1.3444）	（6.2791）
其他控制变量	已控制	已控制	已控制
Year	已控制	已控制	已控制
Industry	已控制	已控制	已控制
N（个）	16932	15333	14176
Adjusted R^2	0.431	0.431	0.431

（2）信息透明度。参考王亚平、刘慧龙和吴联生（2009）以及田高良、封华和张亭（2019）的做法，采用企业近三年的应计项目盈余管理的绝对值之和 *Opaque* 重新衡量信息透明度，所得结论未发生明显改变。

七、结论与启示

企业披露社会责任信息的动机一直存有争议，出现了"价值创造"与"自利工具"两种相对立的观点。本文研究了企业社会责任信息披露与股价同步性的关系，支持了企业出于"自利工具"动机而披露社会责任信息的观点。研究发现，企业披露社会责任信息，会使股价同步性显著上升。这意味着股票并没有因为企业社会责任信息披露而被合理地定价，反而由于企业利用社会责任信息披露转移了投资者对企业负面信息的注意力，股价更多地受到市场、行业等宏观因素的影响而提高了股价同步性。通过路径分析发现，信息透明度在企业社会责任信息披露影响股价同步性的过程中发挥了中介作用。由于中国资本市场噪声过多，存在诸多非理性因素，较高的信息透明度反而导致较高的股价同步性（王亚平、刘慧龙和吴联生，2009）。企业披露社会责任信息有助于提高其信息透明度，进而提高股价同步性。进一步基于产权性质对企业社会责任信息披露与股价同步性的关系进行异质性分析，发现相比国有企业，非国有企业社会责任信息披露与股价同步性的关系更加显著。

本文对在中国当前的制度背景下，理解企业社会责任信息披露所发挥的作用有重要启示。作为非财务信息中非常重要的一种，企业社会责任信息的披露本应有助于缓解信息不对称，为企业创造价值。然而研究发现社会责任信息披露非但没有改善市场信息环境，为投资者提供更多增量信息，反而沦为企业的"自利工具"，增强了股价同步性，降低了市场资源配置效率。这意味着市场亟须对企业社会责任信息披露行为进行规范和监管，特别是要对自愿披露社会责任信息的企业重点关注，要防止企业，尤其是非国有企业，利用社会责任信息扭曲市场信息环境，扰乱市场资源配置。

本文对认识中国资本市场发展现状和完善信息体系制度建设有重要启示。从路径分析来看，信息透明度在企业社会责任信息披露对股价同步性的影响中发挥了中介作用。这表明我国资本市场发展仍不够成熟，噪声过大，投资者非理性行为普遍，提高信息透明度没有发挥原本的作用，反而在一定程度上刺激了股价同步性的提高，支持了 Dasgupta、Gan 和 Gao（2010）以及王亚平、刘慧龙和吴联生（2009）的股价同步性"非理性原因"观点。同时也从本质上揭示，企业社会责任信息披露对股价同步性的影响取决于资本市场整体有效性，只有完善资本市场信息披露体系与传递机制，让市场趋于"理性"，方能从根本上避免企业社会责任信息披露沦为"自利工具"。

参考文献

陈冬华，姚振晔．2018．政府行为必然会提高股价同步性吗？——基于我国产业政策的实证研究．经济研究，12：112－128．

陈国辉，关旭，王军法．2018．企业社会责任能抑制盈余管理吗？——基于应规披露与自愿披露的经验研究．会计研究，3：19－26．

戴亦一，潘越，冯舒．2014．中国企业的慈善捐赠是一种"政治献金"吗？——来自市委书记更替的证据．经济研究，2：74－86．

官峰，王俊杰，章贵桥．2018．政商关系、分析师预测与股价同步性——基于腐败官员落马的准自然实验．财经研究，7：114－125．

侯宇，叶冬艳．2008．机构投资者、知情人交易和市场效率——来自中国资本市场的实证．金融研究，4：131－145．

胡军，王甄．2015．微博、特质性信息披露与股价同步性．金融研究，11：190－206．

黄荷暑，周泽将．2017．企业社会责任、信息透明度与信贷资金配置．中南财经政法大学学报，2：87－97＋159．

贾明，张喆．2010．高管的政治关联影响公司慈善行为吗？．管理世界，4：99－113＋187．

李春涛，宋敏，张璇．2014．分析师跟踪与企业盈余管理——来自中国上市公司的证据．金融研究，7：124－139．

李增泉，叶青，贺卉．2011．企业关联、信息透明度与股价特征．会计研究，1：44－51＋95．

刘姝雯，刘建秋，阳旸，杨胜刚．2019．企业社会责任与企业金融化：金融工具还是管理工具？．会计研究，9：57－64．

权小锋，吴世农，尹洪英．2015．企业社会责任与股价崩盘风险："价值利器"或"自利工具"？．经济研究，11：49－64．

沈华玉，郭晓冬，吴晓晖．2017．会计稳健性、信息透明度与股价同步性．山西财经大学学报，12：114－124．

宋献中，胡珺，李四海．2017．社会责任信息披露与股价崩盘风险——基于信息效应与声誉保险效应的路径分析．金融研究，4：161－175．

田高良，封华，张亭．2019．风险承担、信息不透明与股价同步性．系统工程理论与实践，3：578－595．

田利辉，王可第．2017．社会责任信息披露的"掩饰效应"和上市公司崩盘风险——来自中国股票市场的 DID－PSM 分析．管理世界，11：146－157．

田利辉，张伟．2013．政治关联影响我国上市公司长期绩效的三大效应．经济研究，11：71－86．

王亚平，刘慧龙，吴联生．2009．信息透明度、机构投资者与股价同步性．金融研究，12：162－174．

温忠麟，张雷，侯杰泰，刘红云．2004．中介效应检验程序及其应用．心理学报，5：614－620．

许年行，洪涛，吴世农，徐信忠．2011．信息传递模式、投资者心理偏差与股价"同涨同跌"现象．

经济研究，4：135 - 146.

杨有红，闫珍丽．2018. 其他综合收益及其列报改进是否提高了盈余透明度？——分析师行为及股价
同步性的证据．会计研究，4：20 - 27.

伊志宏，杨圣之，陈钦源．2019. 分析师能降低股价同步性吗——基于研究报告文本分析的实证研究．
中国工业经济，1：156 - 173.

张思雪，林汉川．2018. 技术创新和社会责任标签化时代下的变现能力研究．南开管理评论，1：54 -
62 + 87.

张永任，李晓渝．2010. R^2 与股价中的信息含量度量．管理科学学报，5：82 - 90.

周林洁．2014. 公司治理、机构持股与股价同步性．金融研究，8：146 - 161.

邹萍．2018. "言行一致"还是"投桃报李"？——企业社会责任信息披露与实际税负．经济管理，3：
159 - 177.

Aboody, D., J. Hughes, & J. Liu. 2005. Earnings quality, insider trading, and cost of capital. *Journal of
Accounting Research*, 43 (5): 651 - 673.

Barney, J. B. 2018. Why resource - based theory's model of profit appropriation must incorporate a
stakeholder perspective. *Strategic Management Journal*, 39 (13): 3305 - 3325.

Brooks, C. & I. Oikonomou. 2018. The effects of environmental, social and governance disclosures and
performance on firm value: A review of the literature in accounting and finance. *The British
Accounting Review*, 50 (1): 1 - 15.

Chen, Y., M. Y. Huang, & Y. Wang. 2017. The effect of mandatory CSR disclosure on firm profitability
and social externalities: Evidence from China. *Journal of Accounting and Economics*, 65 (1):
169 - 190.

Cho, S. Y., C. Lee, & R. J. Pfeiffer. 2013. Corporate social responsibility performance and information
asymmetry. *Journal of Accounting and Public Policy*, 32 (1): 71 - 83.

Dasgupta, S., J. Gan, & N. Gao. 2010. Transparency, price informativeness, and stock return
synchronicity: Theory and evidence. *Journal of Financial and Quantitative Analysis*, 45 (5):
1189 - 1220.

Dechow, P. M., R. G. Sloan, & A. P. Sweeney. 1995. Detecting earnings management. *The Accounting
Review*, 70 (2): 193 - 225.

Fombrun, C. J. 2005. A world of reputation research, analysis and thinking-building corporate reputation
through CSR initiatives: Evolving standards. *Corporate Reputation Review*, 8 (1): 7 - 11.

Friedman, M. 1970. The social responsibility of business is to increase its profits. *New York Times
Magazine*, 13 (9): 122 - 126.

Goel, A. M., & A. V. Thakor. 2003. Why do firms smooth earnings. *Journal of Business*, 76 (1):
151 - 192.

Gul, F. A., J. B. Kim, & A. A. Qiu. 2010. Ownership concentration, foreign shareholding, audit quality
and stock price synchronicity: Evidence from China. *Journal of Financial Economics*, 95 (3):
425 - 442.

Hemingway, C. A. , & P. W. Maclagan. 2004. Managers' personal values as drivers of corporate social responsibility. *Journal of Business Ethics*, 50 (1): 33 – 44.

Hillman, A. J. , & G. D. Keim. 2001. Shareholder value, stakeholder management, and social issues: What's the bottom line? . *Strategic Management Journal*, 22 (2): 125 – 139.

Jia, M. , & Z. Zhang, 2018. The role of corporate donations in Chinese political markets. *Journal of Business Ethics*, 153 (2): 519 – 545.

Jin, L. , & S. Myers. 2006. R^2 around the world: New theory and new tests. *Journal of Financial Economics*, 79 (2): 257 – 292.

Kim, Y. , H. Li, & S. Li. 2014. Corporate social responsibility and stock price crash risk. *Journal of Banking & Finance*, 43: 1 – 13.

King, B. 1966. Market and industry factors in stock price behavior. *Journal of Business*, 39 (1): 139 – 190.

Lai, C. S. , C. J. Chiu, C. F. Yang, & D. C. Pai. 2010. The effects of corporate social responsibility on brand performance: The mediating effect of industrial brand equity and corporate reputation. *Journal of Business Ethics*, 95 (3): 457 – 469.

Lee, D. W. , & M. H. Liu. 2011. Does more information in stock price lead to greater or smaller idiosyncratic return volatility? . *Journal of Banking & Finance*, 35 (6): 1563 – 1580.

Masulis, R. W. and S. W. Reza. 2015. Agency problems of corporate philanthropy. *The Review of Financial Studies*, 28 (2): 592 – 636.

Morck, R. , B. Yeung, & W. Yu. 2000. The information content of stock markets: Why do emerging markets have synchronous stock price movements. *Journal of Financial Economics*, 58 (1): 215 – 260.

Prior, D. , J. Surroca, & J. Tribo. 2008. Are socially responsible managers really ethical? Exploring the relationship between earnings management and corporate social responsibility. *Corporate Governance*, 16 (3): 160 – 177.

Roll, R. 1988. R^2. *Journal of Financial*, 43 (3): 541 – 566.

Corporate Social Responsibility Information Disclosure and Synchronization of Stock Prices: "Value Creation" or "Self-interest Tool"?

Ping Zou, Kai Wang

Abstract: Whether the disclosure of corporate social responsibility (CSR) information embodies shareholder's value or management's self-interest? It has been a controversial topic in the study of corporate social responsibility. This paper examines the impact of CSR information disclosure on stock price synchronization and the path. The results show that the disclosure of CSR information is positively correlated with its stock price synchronization, and information transparency plays a mediating role, which indicates that the stock price is not reasonably priced due to the disclosure of CSR information. On the contrary, the disclosure of CSR information interferes with investors' judgment, which enhances the stock price synchronization. The results support the "self-interest tool" motivation of CSR information disclosure.

Keywords: Corporate Social Responsibility; Information Disclosure; Synchronization of Stock Prices; Self-interest Tool

第 19 卷，第 2 辑，2020 年

Vol. 19，No. 2，2020

会 计 论 坛

Accounting Forum

新收入准则提升了企业的收入质量吗？*

——基于收入质量评价模型的研究

刘新仕　孙维辰

【摘　要】我国财政部于 2017 年正式颁布了新收入准则《企业会计准则第 14 号——收入》（CAS14〔2017〕）。本文选取 2017～2018 年公开披露的财务报告数据，基于 CAS14〔2017〕在执行时间与范围上的差异，设置 A＋H 股上市公司为实验组，其他 A 股上市公司为控制组。在构建企业收入质量评价模型的基础上，采用双重差分倾向得分匹配（PSM－DID）法检验了新收入准则实施的政策效应。研究发现，无论是与控制组相比，还是与新收入准则实施前的实验组相比，企业施行新收入准则后的收入质量综合评价指数显著提升。进一步分析发现，相对于国有企业，非国有企业在执行新收入准则后收入质量提升效应更明显。

【关键词】新收入准则；收入质量；因子分析法；双重差分倾向得分匹配

一、引言

高质量的收入依附于完善的准则体系及其有效的执行过程，能够真实反映企业财

收稿日期：2019－11－20

作者简介：刘新仕，男，河南大学商学院教授，副院长，MBA 教育中心主任；孙维辰（通讯作者），男，东南大学经济管理学院博士研究生，vesor.sun@163.com。

* 作者感谢审稿人对本文的宝贵意见，但文责自负。

务状况与经营成果，促使资本市场中各类资源达到最优配置状态。作为衡量企业盈利能力与经济价值的一把标尺，收入的准确衡量不仅是收入质量的体现，也是会计研究的核心问题。收入质量的评价标准来自经营活动中收入本身的增减变动、变现能力以及来源结构等因素，同时又会受到企业内在的经营特性与企业外部制度环境变化的影响。当前，各国会计体系在全球经济一体化进程中均围绕着国际财务报告准则呈现趋同态势。国际会计准则理事会（IASB）与美国财务会计准则委员会（FASB）于 2014 年 5 月发布了《国际财务报告准则第 15 号——客户合同收入》（IFRS15），我国财政部于 2017 年 7 月正式颁布了与 IFRS15 趋同的《企业会计准则第 14 号——收入》（CAS14〔2017〕）。本文正是基于对收入质量的综合评价来检验收入准则变更后的政策效应，对落实准则执行与完善会计实务有着理论和现实意义。

近年来关于我国会计准则变更的研究大多聚焦于 2006 年颁布的《企业会计准则》，国内学者相继探讨了会计准则变更对调节未来盈余、公允价值计量以及准则自身要素等方面的影响（张然、陆正飞和叶康涛，2007；谭洪涛和蔡春，2009）。相对于企业会计准则整体框架而言，对具体的分支准则的有关研究较少，且多为规范性分析。CAS14〔2017〕出台后，有关研究多集中在收入准则变革对典型行业和特定业务的影响（李泱，2017）、改进后收入的确认与计量以及新制度环境下收入信息披露与监管问题等（孙烨，2017）。然而，收入准则变更会提升企业的收入质量还是会"吞掉"企业的经营成果？目前缺少对新收入准则实施效果的实证研究，也鲜有文章在新收入准则颁布后重新评价企业的收入质量。CAS14〔2017〕规定，A + H 股上市公司在编制 2018 年财务报告时要率先执行新收入准则，其他处于过渡期的 A 股上市公司自 2020 年开始施行。本文利用此次收入准则变革所形成的准自然实验条件，基于构建的收入质量评价模型，使用 PSM – DID 模型检验新收入准则的实施效果，并进一步分析了产权性质不同的上市公司所受到的政策影响差异。

二、文献回顾

IASB 和 FASB 于 2002 年开始联手筹划制定新的收入准则体系，于 2014 年颁布了《国际会计准则第 15 号——客户合同收入》（IFRS15）。IFRS15 旨在消除不同会计制度体系之间有关收入处理的冲突，将收入的确认与资产负债要素紧密衔接，使得不同准则间在收入的概念层面上保持了较高的一致性（王霞，2012）。我国收入准则的制定从"两则两制"下市场经济初探阶段发展到"准则 + 指南"形式的国际协调阶段，再进一步演变为统一收入框架体系下的全面趋同阶段。虽然起步较晚，但仍紧随国际会计准则的修订步伐。不同时期背景下的收入准则对企业的收入质量均起着决定性作用，高质量的会计准则是会计质量的源头保障（葛家澍和陈守德，2001）。在会计准则国际趋同的背景下，完善统一的收入准则体系能否保证收入要素的处理有理有据，从而真实地反映出企业收入的内涵特征，一直以来都受到准则制定机构、财务报告编制和使用者以及监管方的广泛关注。

收入准则的发展与变革影响了收入的确认标准、计量依据以及披露要求。目前不同企业的收入核算方法并不完全一致，再加上收入信息披露形式的多样性，将导致评价收入质量是一项非常复杂的工作（Defond，2010）。高质量的收入能够为企业的日常经营、规模扩张及投资分配提供足够的资金支持，具体可以从收入产生现金流量的能力、预测未来现金流量的能力以及权责发生制与收付实现制下的现金流量差异程度等方面对收入的现金保障能力进行考察。另外，不同来源的经济利益流入持续性不同，收入的持续性保障是基于日常主要经营活动这一来源，由此产生的收入具有较强持续性这一质量特征（Lev and Ramu，1993）。随着资本市场日益多元化，学者们开始尝试选取多个典型的信号指标来分析收入质量，诸如存货、应收账款、现金流量、科研费用、股票回购、边际收益以及审计意见等信号指标常被赋值后加总以对企业的收入质量进行评价（Ecker，Francis and Kim，2006）。完整的收入质量评价模型不仅涵盖收入的持续性、预测性、成长性和稳定性特征，还反映出与收入相关的信息的披露程度以及企业的内部治理情况等（Dechow，Ge and Schrandl，2010）。CAS14〔2017〕实施以来，国内学者多从对典型行业产生的影响与后果分析入手，鲜有文献进一步实证检验其实施效果。我国的资本市场环境有着不同于西方国家的固有属性，收入准则是整个会计准则体系的核心，在我国会计准则制定与实施的背景下建立一套有效的收入质量评价模型意义重大。

三、理论分析与研究假设

（一）准则变更对收入质量的影响

CAS14〔2017〕把《企业会计准则第14号——收入》（2006年）和《企业会计准则第15号——建造合同》（2006年）纳入了统一的框架体系，不再局限于从交易的形式和环节上划分收入类型，针对交易过程的判断与处理提出了"五步法"收入确认模型，以控制权转移作为收入确认时点的判定标准更注重交易的性质、契约的属性以及缔约方之间的合同关系。

以契约思想作为收入体系的框架基础，能促使各参与方完成交易事项并形成有效的监督机制。基于合同的收入准则首要任务便是识别与客户之间订立的合同及其涉及的权利与义务。交易双方达成的协议内容能够为收入确认提供证据保障，这也是契约理论的内在要求体现。此外，合同除了能在复杂的交易过程中界定交易主体间的权利、义务和责任，规制交易的方式与秩序外，同时还能在各个利益相关者连接成的耦合体之间起到纽带作用。契约是缔约方所包含各种要素的集合，准则是契约的制度标准化体现，而会计是在准则框架内执行和监督这些契约的工具。

以原则为主、以目标为辅作为收入处理过程的制度导向，能在契约的组织形态演变中兼顾缔约各方不同的利益需求。CAS14〔2017〕将旧收入准则与建造合同准则合并，以契约为基础简化统一了规则标准。新收入准则的运用实施能够适应多重情景，基于一致口径的会计判断与处理过程也更具有包容性。以原则导向为主在适度范围内增强了会计人员对收入处理的灵活性，会更适应创新驱动下多元复杂的资本市场环境，强调的目标一致性可从根本上杜绝与准则意图不符的操作。

以资产负债观作为收入核算理念，能透过交易形式看清契约实质，依据制度导向避免操纵收入。CAS14〔2017〕按照合同资产和合同负债的增减变动来确认收入，尊重合同中权利与义务流转的客观事实，克制了"收入费用观"下"配比原则"和"实现原则"带来的主观负效应。资产负债观以资产为会计要素之首，视资产负债表为财务报表之根，兼顾其他因素对资产、负债价值变动造成的影响。以此为理念的收入处理过程将更加客观全面，符合利益相关者的决策有用性目标，有助于企业在长期发展中实现企业价值最大化。

以"控制权转移"和"合同交易价格"作为收入确认与计量的标准，能加强收入核算管理及契约各方权利、义务及责任的考核监管。CAS14〔2017〕明晰了合同中权利行使与义务履行的情况，有助于相关者依据合同中责、权、利的划分与流转看清交易事项的经济实质，根据合同资产和负债的变动情况来确定收入。另外，以合同中分摊至各单项履约义务的交易价格为收入的计量基础，同时考虑到可变对价和重大融资成分等不确定因素的影响，将进一步提高相关会计信息质量。

我国的收入准则体系在国际趋同的背景下日趋完善，具备了以契约思想为根基的框架体系，兼具以原则为主、以目标为辅的制度导向，顺应了符合资产负债观的核算理念，体现了遵循控制权的交易实质。由此可见，新收入准则的层层保障对收入要素的经济特征以及商业实质的体现有着有利影响。综上所述，提出假设：

H1：新收入准则的实施有利于提高企业收入质量。

（二）产权性质的调节作用

我国正处于经济发展的历史转轨期，企业的产权性质较西方国家更为复杂，按照政府是否为实际控制人，可分为国有企业和非国有企业两类（谢德仁和陈运森，2009）。已有研究表明，政治关系和政府干预对企业融资、投资及经营决策都会产生重大影响，并使其行为显著异于其他公司。当一个国家的政府对企业干预程度较高时，该国企业的会计信息质量通常较低（Bushman, Piotroski and Smith, 2011），这些易受政府干预的公司通常有动机降低公司的透明度，以隐藏一些私有信息，所披露的会计信息质量显著低于其他公司，并且质量差异与政治关系的强度成正比（Chaney, Faccio and Parsley, 2011）。Jian 和 Wong（2010）的研究发现，政府干预越严重的地区，上市公司利用关联交易进行盈余管理的现象越严重。因此，政府干预和政治关系或可作为新收入准则研究的一个重要制度因素。

对于国有企业而言，政府的动机与需要、行为和目标对其经营均会产生深刻的影响。除了实现国有资产的增值以及企业价值最大化的目标以外，还须承担必要的政策性任务，如助力经济建设、维护社会稳定、保障财政税收和扩增就业岗位等（林毅夫和李志赟，2004）。相反，非国有企业产权主体较明确，经营目标较单一，信息渠道较畅通，往往能够全力实现股东财富最大化或企业价值最大化的经营目标。在政府干预企业经营的情况下，政府的行为会潜移默化地体现在企业的业绩中，不具有独立可辨别性（蔡地和万迪昉，2011），那么新收入准则的实施效果与经营业绩之间的直接因果关系就会显得比较模糊。而且，具有行政级别的国有企业高管一般由上级政府部门委派，他们往往会通过操纵会计政策的执行过程来实现政治晋升的个人诉求，强烈的自利动机削弱了以他们为代表的管理层对会计准则的执行力，会计信息质量将受到较大影响（张霁若，2017）。国有企业在面对经营风险时，通常会把社会与政治负担当作其经营业绩不佳的挡箭牌，以期政府会为他们的经营不善埋单。而非国有企业没有政府的绝对支持，必须结合资本市场和企业实际状况积极主动地构建内部控制机制，加强企业的风险应对能力。完善的内部控制机制依赖于健全的会计准则及规范的企业制度，为实现提升企业经营效率、财务报告质量等目标提供了有力保障。因此，从产权性质角度出发，分析收入准则变革对不同控制权属性的企业的影响差异具有很强的现实意义。综上所述，提出假设：

H2：相对于国有企业而言，在非国有企业中新收入准则的实施对收入质量的提升效果更加显著。

四、研究设计

（一）样本选择与数据来源

本文以 A + H 股上市公司及沪深两市其他 A 股上市公司为研究对象，选取 2017 ~ 2018 年为研究期间。为了研究的准确性，对总样本进行以下处理：（1）剔除金融与保险行业的公司；（2）剔除研究期间内被借壳变更名称的公司；（3）剔除在研究期间内出现 ST 和＊ST 标记的公司；（4）剔除当年新上市的公司；（5）剔除缺失相关数据的公司。经过上述样本处理后保留 82 家 A + H 股上市公司，2580 家其他 A 股上市公司。本文所需的数据均来自万得（Wind）资讯数据库。

（二）变量定义

（1）被解释变量。本文将收入质量综合评价指数作为被解释变量，通过因子分析法从收入质量评价模型中提取出主因子，再根据权重算出收入质量的综合得分。由此得出的收入质量综合评价指数 *IQI* 越大，表明收入质量越高。

（2）解释变量。本文选取的三个解释变量如下。公司上市类型（*LP*），当样本为 A + H 股上市公司时取值为 1，否则取值为 0；政策时点（*PT*），实施新收入准则的年份取值为 1，之前年份取值为 0；公司上市类型与政策时点的交互项（*LP* × *PT*）：*LP* × *PT* 的系数是本文所考察的新收入准则政策效应系数，当此系数显著为正时，说明新收入准则的实施提高了企业收入质量。

（3）控制变量。借鉴已有研究，本文选择控制以期末总资产计量的公司规模（*Asset*）、以资产负债率计量的财务风险（*Risk*）、以资产收益率计量的盈利能力（*Roa*）、以主营业务收入同比增长率计量的主营业务增长能力（*Growth*）、每股营业总收入（*Ips*）、自由现金流量（*Fcff*）、当年是否亏损（*Loss*）、以第二至第五股东持股占比与第一大股东持股比例比值计量的股权制衡度（*Balance*）、独立董事人数（*Ind*）、董事长与总经理是否两职合一（*Dual*）、公司第一大股东持股比例（*First*）、是否由四大会计师事务所审计（*Bigf*）、审计意见类型（*Opin*）等变量对收入质量的影响。最后，控制了年份（*Year*）和公司（*Firm*）固定效应，进而能够克服内生性问题中遗漏变量的问题。

（三）模型设定

本文基于不同上市公司在实施新收入准则时间上的差异来构建双重差分（DID）模型。A + H 上市公司在编制 2018 年财务报告时率先采用新收入准则，因此被选择作为实验组。其他 A 股上市公司因为从 2020 年起执行新收入准则被设置为控制组。为了控制实验组与控制组之间的内生性问题，首先通过倾向得分匹配法对控制组样本进行匹配选择，使实验组和控制组在准则实施前具有共同的趋势和一定的相似性，消除自选择效应带来的估计偏差。采用 DID 模型，实验组和控制组之间需满足共同趋势的前提假设，即在新收入准则没有实施的情况下，实验组和控制组的样本公司在收入质量上并不存在系统性差异。建立如下 DID 模型，以验证假设 H1、H2 是否成立：

$$IQI_{i,t} = \beta_0 + \beta_1 LP_{i,t} \times PT_{i,t} + \beta_2 Asset_{i,t} + \beta_3 Risk_{i,t} + \beta_4 Roa_{i,t} + \beta_5 Growth_{i,t} + \beta_6 Ips_{i,t} + \beta_7 Fcff_{i,t}$$
$$+ \beta_8 Loss_{i,t} + \beta_9 Balance_{i,t} + \beta_{10} Ind_{i,t} + \beta_{11} Dual_{i,t} + \beta_{12} First_{i,t} + \beta_{13} Bigf_{i,t} + \beta_{14} Opin_{i,t} \quad (1)$$
$$+ \mu_i + v_t + \varepsilon_{i,t}$$

其中，μ_i 和 v_t 分别代表公司固定效应和年份固定效应；β_1 表示新收入准则的实施对收入质量的影响，是本文的核心参数，若交互项的系数 β_1 显著为正，则假设 H1 成立，即新收入准则实施能够提升企业的收入质量。需要补充说明的是，因为控制了公司和年份固定效应，模型（1）中的 PT 哑变量和 LP 哑变量自然被省略了。

五、企业收入质量评价模型的构建

（一）收入质量评价指标的选取

在充分考虑 CAS14〔2017〕对收入要素影响的基础上，本文借鉴了国内外学者构建多指标质量评价模型的方法，从上市公司财务报表基本面信息中选取了 10 项对收入质量产生重要影响的财务指标，以构建衡量我国企业收入质量的因子分析评价模型。本文选取收入质量评价指标时应遵循：数据易获取原则，即指标数值均可以从上市公司公开披露的财务报表中直接收集或计算得到；指标代表性原则，即所选取的指标要对评价内容具有高度概括性与代表性；覆盖全面性原则，即指标的选取要兼顾收入质量的各个决定因素，尽可能减少遗漏。

选取如下 10 项收入质量评价指标：营业收入现金比率（X_1）＝经营活动现金流入/营业收入×100%；主营业务收入现金比率（X_2）＝销售商品提供劳务产生的现金流入/主营业务收入×100%；经营现金流入量占比（X_3）＝经营活动现金流入/（经营活动现金流入＋投资活动现金流入＋筹资活动现金流入）×100%；主营业务现金流入占比（X_4）＝销售商品提供劳务产生的现金流入/经营活动现金流入×100%；营业收入同比增长（X_5）＝（本年度营业收入－上年度营业收入）/上年度营业收入×100%；主营业务收入同比增长率（X_6）＝（本年度主营业收入－上年度主营业收入）/上年度主营业收入×100%；经营现金流入同比增长率（X_7）＝（本年度经营活动现金流入－上年度经营活动现金流入）/上年度经营活动现金流入×100%；资产负债率（X_8）＝负债总额/资产总额×100%；流动比率（X_9）＝流动资产/流动负债×100%；速动比率（X_{10}）＝速动资产/流动负债×100%。其中，只有资产负债率（X_8）同收入质量呈现反向变动，其余指标与收入质量均保持同向变动。

（二）收入质量评价模型的建立

在使用因子分析法构建收入质量评价模型前先对样本数据进行以下预处理。首先，进行同趋化处理，对资产负债率指标求倒数转化成正向指标以保证每个指标应该与收入质量保持同向变动。其次，进行标准化处理，对各项财务指标数据进行了 Z-score 标准化处理，使得各指标处在同一数量级别上而具有可比性。最后，进行极端值处理，对所有连续变量数据进行了 1% 和 99% 分位范围的缩尾处理。对预处理后的 10 项评价指标进行相关性分析，指标间的相关系数矩阵如表1所示。所选取的 10 项财务指标之间相关性较强，说明各指标所代表的信息重叠度较高。因此，适合采用因子分析法来评价上市公司的收入质量，提取出综合因子来代替并充分反映原来的冗余指标信息。

表 1　收入质量评价指标间相关系数矩阵

变量	X_1	X_2	X_3	X_4	X_5	X_6	X_7	X_8	X_9	X_{10}
X_1	1									
X_2	0.867 **	1								
X_3	0.110 **	0.151 **	1							
X_4	− 0.195 **	0.117 **	0.194 **	1						
X_5	− 0.196 **	− 0.191 **	0.001	0.063 **	1					
X_6	− 0.185 **	− 0.192 **	0.005	0.057 **	0.955 **	1				
X_7	0.075 **	0.048 **	0.049 **	0.023	0.676 **	0.711 **	1			
X_8	0.029 *	0.042 **	− 0.007	0.044 **	− 0.049 **	− 0.073 **	− 0.087 **	1		
X_9	0.028 *	0.022	− 0.030 *	0.009	− 0.034 *	− 0.055 **	− 0.061 **	0.825 **	1	
X_{10}	0.020	0.004	− 0.050 **	− 0.014	− 0.032 *	− 0.054 **	− 0.056 **	0.803 **	0.945 **	1

注：***、**、*分别代表在 1%、5% 和 10% 的统计水平上显著。

各项财务指标间相关系数的特征值、方差贡献率和累计方差贡献率如表 2 所示。通常提取特征值大于 1 的因子作为主成分，如表 2 所示，前四个因子的累计方差贡献率已经达到 85.49%，可以高度代表 10 项评价指标的信息。

表 2　评价指标总方差解释

成分	初始特征值			提取载荷平方和			旋转载荷平方和		
	总计	方差贡献率（%）	累积方差贡献率（%）	总计	方差贡献率（%）	累积方差贡献率（%）	总计	方差贡献率（%）	累积方差贡献率（%）
1	2.972	29.716	29.716	2.972	29.716	29.716	2.844	28.438	28.438
2	2.497	24.968	54.684	2.497	24.968	54.684	2.534	25.335	53.774
3	1.869	18.686	73.370	1.869	18.686	73.370	1.934	19.343	73.117
4	1.212	12.121	85.490	1.212	12.121	85.490	1.237	12.374	85.490
5	0.801	8.011	93.501						
6	0.321	3.212	96.714						
7	0.154	1.542	98.256						
8	0.086	0.862	99.118						
9	0.067	0.667	99.785						
10	0.022	0.215	100.000						

对前 4 个因子的初始因子载荷矩阵采用方差最大化进行因子旋转，F_n 代表第 n 个主因子的数值。各项财务指标对 4 个主因子的贡献程度如表 3 所示：F_1 主要由 X_8、X_9、X_{10} 解释，反映了企业的财务风险水平，命名为安全水平因子；F_2 主要由 X_5、X_6、X_7

解释，反映了企业的业务增长水平，命名为成长潜力因子；F_3主要由X_1、X_2决定，反映了企业的现金保障水平，命名为收现能力因子；F_4主要由X_3、X_4决定，反映了经营业务尤其是主营业务的贡献水平，命名为稳定程度因子。

本文按照方差贡献率来确定主因子的权重，构建收入质量综合评价指数：

$$IQI = 29.716F_1 + 24.968F_2 + 18.686F_3 + 12.121F_4 \tag{2}$$

表3　方差最大化旋转后的成分矩阵

变量	F_1	F_2	F_3	F_4
X_1	0.005	− 0.038	0.957	− 0.217
X_2	0.065	− 0.064	0.909	0.206
X_3	− 0.174	0.013	0.236	0.649
X_4	0.069	0.005	− 0.242	0.848
X_5	− 0.018	0.923	− 0.166	0.013
X_6	− 0.036	0.956	− 0.133	0.007
X_7	− 0.039	0.872	0.179	0.003
X_8	0.943	− 0.040	0.024	− 0.011
X_9	0.980	− 0.027	0.021	− 0.051
X_{10}	0.976	− 0.028	0.019	− 0.072

六、实证分析

（一）描述性统计

对 A + H 股上市的样本公司82家，其他 A 股上市的样本公司2580家，在按照 1∶5 的比例进行倾向得分匹配处理，剔除违背共同区间假设的样本公司后，剩余 A + H 股上市公司32家，为 A + H 股上市公司匹配出其他 A 股上市公司113家。表4列示了匹配后的145家上市公司2017～2018年各变量的描述性统计结果。

表4　各变量描述性统计结果

变量	均值	标准差	最大值	中位数	最小值
IQI	− 0.166	0.593	2.913	− 0.238	− 1.652
Asset	23.700	1.578	26.602	23.728	20.066
Risk	52.795	19.281	88.422	53.997	9.427
Roa	4.310	4.056	25.218	3.892	− 4.198
Growth	16.913	26.391	190.038	12.013	− 49.264
Ips	2.571	1.270	7.470	2.424	0.035
Fcff	0.009	1.307	3.259	0.022	− 3.396
Loss	0.055	0.229	1	0	0

续表

变量	均值	标准差	最大值	中位数	最小值
Balance	56.414	45.697	243.773	41.026	3.548
Ind	3.472	0.716	5	3	2
Dual	0.103	0.305	1	0	0
First	37.906	15.004	73.190	36.055	9.330
Bigf	0.376	0.485	1	0	0
Opin	0.962	0.191	1	1	0

（二）倾向得分匹配结果分析

在进行 DID 检验前，先通过倾向得分匹配方法克服隐性偏误问题，消除可观测因素和不随时间变化的不可观测因素的影响。本文的控制变量同时也是 PSM – DID 检验使用的协变量，是使得上述实验组与控制组样本精确匹配的判断依据。采用卡尺内最近邻匹配的方法，在拟定的卡尺范围内，将共同取值范围内的实验组与控制组样本企业按照倾向得分相同或者相近的原则进行匹配。倾向得分匹配的平衡检验结果显示①，匹配后大部分控制要素的标准偏差小于 10%，远低于学术界公认的匹配效果临界值 20%，且大多数 t 检验不拒绝实验组与控制组之间不存在系统差异的原假设。表 5 显示，A + H 股上市公司和其他 A 股上市公司之间的整体特征变量差异程度在匹配后明显降低，样本观测值分布得更加均衡，表明了匹配后的两组企业具有较高可比性，满足了 DID 模型的适用条件。

表 5　倾向得分匹配前后整体变量差异比较

样本	伪 R²	卡方统计量	似然比检验的 P 值	平均偏差	中位偏差	Rubin's B	Rubin's R	方差贡献率（%）
匹配前	0.701	1027.10	0	65.6	41.1	254.6*	2.16*	70
匹配后	0.052	9.37	0.806	6	4.3	53.3*	0.92	30

*表示 Robin's B > 25，Robin's R 超出 [0.5，2] 范围。

（三）实证分析结果

作为我国会计准则国际趋同路径中的一次重要变革，新收入准则初步施行的差异化范围提供了一次准自然实验环境。因此，本文利用 DID 方法检验新收入准则对企业收入质量提升的政策效应。实验组和控制组样本满足共同趋势的假设后，我们便可对模型（1）进行 DID 检验，回归结果见表 6。

---

① 限于篇幅，本文未报告各变量倾向得分匹配的平衡趋势检验结果，如有需要可向作者索要。

表 6　新收入准则实施与收入质量:双重差分检验结果

变量名称	被解释变量 IQI		
	全样本	国有企业	非国有企业
$LP \times PT$	0.442 **	0.384	2.296 ***
	(2.30)	(1.30)	(3.58)
Asset	0.948 ***	0.776	− 0.246
	(2.63)	(1.37)	(− 0.32)
Risk	− 0.042 **	− 0.010	− 0.250 ***
	(− 2.07)	(− 0.26)	(7.68)
Roa	0.038 **	0.049 **	0.059
	(2.14)	(2.14)	(1.33)
Growth	0.010 ***	0.005 **	0.019 ***
	(2.56)	(2.29)	(7.68)
Ips	0.060	0.256	0.322
	(0.67)	(1.46)	(0.94)
Fcff	0.026	− 0.035	1.091 ***
	(0.57)	(− 0.59)	(2.99)
Loss	0.368 **	0.248	− 0.178
	(2.13)	(1.13)	(− 0.61)
Balance	0.005	0.005	0.034 ***
	(1.09)	(0.89)	(4.95)
Ind	− 0.027	− 0.032	
	(− 0.27)	(− 0.35)	
Dual	0.108	0.299	− 1.044
	(0.72)	(1.50)	(− 1.65)
First	0.021	− 0.004	0.180 ***
	(0.65)	(− 0.10)	(3.12)
Bigf	1.154		− 0.370
	(1.45)		(− 0.44)
Opin	− 0.022	0.217	
	(− 0.13)	(1.43)	
Year_FE	Yes	Yes	Yes
Firm_FE	Yes	Yes	Yes
N(个)	290	182	108
调整的 R^2	0.627	0.659	0.839

注:***、**、*分别代表在1%、5%和10%的统计水平上显著;括号中为 t 值。

表 6 中的全样本检验结果显示,交互项 $LP \times PT$ 的系数是 0.442,在 5% 的水平上显著。表明新收入准则的实施与收入质量呈显著的正相关关系,即新收入准则对企业

收入质量起到了显著的提升作用，假设 H1 得到支持。国有企业样本的检验结果中，交互项系数为 0.384 且不显著。表明新收入准则在国有企业范围内的施行并没有显著提升企业的收入质量。非国有企业样本的检验结果中，交互项系数为 2.296，在 1% 的水平上显著为正（且分组结果通过组间差异检验）。结果表明非国有企业在实施新收入准则的情况下，收入质量得到显著提升，相反国有企业施行新收入准则的政策效应并不显著，假设 H2 得到支持。

（四）稳健性检验

为了增强研究结果的科学性，本文进行了如下的稳健性检验[1]。在匹配出具有共同趋势的检验样本的基础上，为了进一步检验 CAS14〔2017〕的政策效应，同时"剥离"其他政策对企业收入质量的影响，现有研究通常采用安慰剂检验。本文在此假设政策作用于不同时间以进行稳健性检验，假设 A＋H 股上市公司在编制 2016 年财务报告时率先在执行新收入准则，对于其他在境内上市的企业自 2018 年 1 月 1 日起执行，重新形成了可相互对照的实验组和控制组。采取与前文一致的数据处理与检验方法，全样本及按产权性质分组后样本的回归结果均不显著。因此，通过安慰剂检验进一步佐证了 CAS14〔2017〕实施后良好的政策效应，即收入质量的提高得益于新收入准则的执行效果，可以排除其他潜在的可能产生影响的政策制度对企业收入质量的影响。

七、研究结论与政策建议

本文在回顾有关收入准则变更与收入质量研究文献的基础上，充分考虑了收入质量的内涵特征与内外部影响因素，基于财务报表基本面信息构建了收入质量评价模型。新收入准则的分批执行为检验其政策效应提供了一次准自然实验条件，设置在 2018 年财务报告中率先执行 CAS14〔2017〕的 A＋H 股上市公司为实验组，设置在 2020 年开始执行 CAS14〔2017〕的沪深两市其他 A 股上市公司为控制组。使用倾向得分匹配方法筛选出具有共同趋势的检验样本，并通过 DID 模型对新收入准则的政策效应进行回归分析。研究发现，新收入准则的实施显著提高了企业收入质量。相对于国有企业，非国有企业在执行新收入准则后提升收入质量、规避财务风险的效果更加明显，具有较好的政策效应。

本文的研究有助于进一步发现我国在实施新收入准则的过程中尚存的一些问题，具有一定的政策参考价值。其一，准则制定机构可以结合新收入准则在首批企业范围内执行的情况，进一步完善补充与准则配套的应用指南等文件，为全面执行 CAS14〔2017〕做好充分指引。其二，企业内部监管制度需与新收入准则进行更新匹配，以促

---

[1] 限于篇幅，本文未报告稳健性检验的结果，如有需要可向作者索要。

使以原则导向为主的新收入准则在实务中表现出较强的灵活性，尤其是规模较大、环境较复杂的国有企业。其三，企业还可以通过推进会计信息化建设，进一步加强会计人员的专业技能与职业道德培训，积极引进外部优秀的会计人员以满足企业自身会计改革的需要，推动新收入准则全面有效实施。

参考文献

蔡地，万迪昉. 2011. 政府干预、管理层权力与国企高管薪酬业绩敏感性. 软科学，9：94 – 98.

葛家澍，陈守德. 2001. 财务报告质量评估的探讨. 会计研究，11：9 – 18 + 65.

李泆. 2017. CAS14 收入准则变革对典型行业和特定业务的影响分析. 证券市场导报，7：52 – 58 + 69.

林毅夫，李志赟. 2004. 政策性负担、道德风险与预算软约束. 经济研究，2：17 – 27.

孙烨. 2017. 新收入准则对收入信息披露监管的挑战及建议. 证券市场导报，4：73 – 78.

谭洪涛，蔡春. 2009. 新准则实施会计质量实证研究——来自 A 股上市公司的经验证据. 中国会计评论，7（2）：127 – 156.

王霞. 2012. 国际财务报告准则修订评析与前瞻——以金融工具、合并报表和收入准则为例. 会计研究，4：8 – 13.

谢德仁，陈运森. 2009. 金融生态环境，产权性质与负债的治理效应. 经济研究，5：118 – 129.

张霖若. 2017. CEO 变更对会计信息可比性的影响研究. 会计研究，11：10.

张然，陆正飞，叶康涛. 2007. 会计准则变迁与长期资产减值. 管理世界，8：77 – 84 + 139.

Bushman, R. M., J. D. Piotroski, & A. J. Smith. 2011. Capital allocation and timely accounting recognition of economic losses. *Journal of Business Finance & Accounting*, 38（1 – 2）：1 – 33.

Chaney, P. K., M. Faccio, & D. C. Parsley. 2011. The quality of accounting information in politically connected firms. *Journal of Accounting and Economics*, 51（1）：58 – 76.

Dechow, P. M., W. Ge, & C. M. Schrandl. 2010. Understanding earnings quality：A review of the proxies, their determinants and their consequences. *Journal of Accounting and Economics*, 50：344 – 401.

Defond, M. L. 2010. Earnings quality research：Advances, challenges and future research. *Journal of Accounting and Economics*, 50（2）：402 – 409.

Ecker, F., J. Francis, & I. Kim. 2006. A returns – based representation of earnings quality. *The Accounting Review*, 81（4）：749 – 780.

Jian, M., T. J. Wong. 2010. Propping through related party transactions. *Review of Accounting Studies*, 15（1）：70 – 105.

Lev, B. S., & T. Ramu. 1993. Fundamental information analysis. *Journal of Accounting Research*, 31（10）：190 – 215.

Does the New Income Standard Improve the Income Quality of Enterprises?
—Research Based on the Evaluation Model of Income Quality

Xinshi Liu, Weichen Sun

Abstract: The Ministry of Finance of China formally promulgated the *Accounting Standards for Enterprises No. 14—Revenue*. This paper selects the financial report data publicly disclosed from 2017 to 2018 and sets A + H-share listed companies as the experimental group and other A-share listed companies as the control group. Based on the comprehensive evaluation model of enterprise income quality, the Double Difference Tendency – Propensity Scores Matching (PSM – DID) Method is used to test the policy effect of the implementation of the new income standard. The study found that, whether compared with the control group, or compared to the treat group before the implementation of the guidelines, the comprehensive evaluation index of income quality increased significantly after the implementation of the new income criteria. Further analysis shows that, compared with state-owned enterprises, the improvement of income quality of non-state-owned enterprises is more obvious after the implementation of the new income standard.

Keywords: New Income Standard; Income Quality; Factor Analysis; PSM – DID

第 19 卷，第 2 辑，2020 年
Vol. 19，No. 2，2020

会 计 论 坛
Accounting Forum

资产误定价、融资约束与股权质押 *

马德水　　张敦力

【摘　要】 本文使用 2007～2018 年沪深 A 股上市公司的股权质押数据，以股权质押的影响因素为切入点，探讨资本市场错误定价对控股股东股权质押决策的影响，并考察不同融资约束程度下资本市场错误定价对控股股东股权质押决策影响的差异性。研究发现，当股价被高估时，控股股东股权质押积极性增强，质押规模扩大；反之，控股股东股权质押积极性明显减弱，倾向缩减质押规模。进一步检验发现，控股股东股权质押积极性和质押规模随着股价被高估水平的提高而显著增强和扩大。对于高程度融资约束公司来说，错误定价对控股股东股权质押意愿和质押规模存在显著的负向影响，且这种负向影响随着公司融资约束程度的提高而加大；对于低程度融资约束公司来说，错误定价对控股股东股权质押决策并不存在显著影响。这对于进一步探讨股权质押的经济后果，防控股权质押风险、规范大股东行为、完善公司治理机制具有重要的指导意义。

【关键词】 控股股东；股权质押；资产误定价；融资约束

收稿日期：2020 - 05 - 20
基金项目：国家自然科学基金项目（7200020037）；河南省重点研发与推广专项（软科学）项目（192400410367）
作者简介：马德水，男，博士，郑州航空工业管理学院商学院讲师，1003728574@ qq. com；张敦力，男，中南财经政法大学会计学院教授，博士研究生导师。
* 作者感谢审稿人对本文的宝贵意见，但文责自负。

一、引言

近年来，股权质押融资已成为中国资本市场上的一种常态。截至 2020 年 10 月 30 日，市场质押股数 5031.67 亿股，占总股本的 7.13%，A 股市场几乎"无股不押"。所谓股权质押是指出质人以其拥有的股权作为标的物而设立质押，实质上是担保贷款的一种形式（阎天怀，1999）。它使得沉没在资产负债表上的"静态"股权转化为"动态"的可用资本，是一种将"经济存量"转变为"经济能量"的有效财务策略（艾大力和王斌，2012）。随着 2015 年股票市场整体价格暴跌，多家上市公司因股权质押触及"警戒线"甚至"平仓线"而险些易主，并触发了中国 A 股历史上最大规模的"停牌潮"，严重影响投资者信心，危及资本市场健康发展。

从表面看，控股股东股权质押只是自身融资行为，实质则是一种信用扩张的融资杠杆操作。由于历史原因，中国上市公司普遍存在"一股独大"现象，控股股东的特殊地位使其与控股公司的经营活动发生了关联。已有文献发现，控股股东股权质押反映了其融资约束的财务状况（郑国坚、林东杰和林斌，2014；唐玮、夏晓雪和姜付秀，2019；李晓霞、罗党论和徐畅等，2020），在缓解其自身融资约束的同时，质押股价的波动也增加了公司的股价崩盘风险和控制权转移风险（王斌、蔡安辉和冯洋，2013；谢德仁、郑登津和崔宸瑜，2016；夏常源和贾凡胜，2019；Xu，Chang and Li et al.，2019；Dou，Masulis and Zein，2019；Pang and Wang，2019；Li，Liu and Wang，2019；Yogesh，Mishra and Spahr，2020；Anderson and Puleo，2020）。相比不存在股权质押的公司，存在股权质押的公司高管薪酬 – 业绩敏感性更弱（李常青和幸伟，2018a；Ouyang，Xiong and Fan，2018），更有可能进行税收规避和资金占用（王雄元、欧阳才越和史震阳，2018；Chan，Chen and Hu et al.，2018），实施盈余管理活动（Kao and Chen，2007；Huang and Han，2014；王斌和宋春霞，2015；Huang and Xue，2016；谢德仁和廖珂，2018；Bhatia，Choudhary and Dugar et al.，2019），动态调整现金持有水平（李常青、幸伟和李茂良，2018），减少现金股利（Liao，Wang and Xie et al.，2018；何平林、辛立柱和潘哲煜等，2018；Li，Zhou and Yan et al.，2019），这些企业的研发投入、创新产出和创新效率也明显降低（张瑞君、徐鑫和王超恩，2017；文雯、陈胤默和黄雨婷，2018；Chen，2019；Shen，2019；Zhao，Zhang and Xiong et al.，2019；Pang and Wang，2019），且倾向于披露更多的好信息（蒋秋菊、陈少华和强欣荣，2017；李常青和幸伟，2018b；Wang，Xiong and Ou，2020），降低会计稳健性（Xu，2019），并对股票市场和信贷市场具有双重的择时动机（徐寿福、贺学会和陈晶萍，2016）。控股股东股权质押的公司聘请前十大会计师事务所的可能性较小（Xu，Zhang and Xie，2019），审计师因面临更高的业务风险和审计成本，而会收取更高的审计费用，更可能出具非标准无保留审计意见（张龙平、潘临和欧阳才越等，2016；翟胜宝、许浩然和刘耀淞等，2017；Liao，Wang and Xie et al.，2018）。控股股东股权质押不仅是其自身的融资活动，还对上市公司产生重要影响，降低了公司的风险承担水平（何威风、刘怡君和吴玉宇，2018；Cai，2019），损害公司业绩和公司价值（郝项超和梁琪，2009；Chen，Kao and Chen，2012；Wang and Chou，2018；Singh，2018；Li，Zhou and Yan et al.，2019），关联分析师更可能建议买入和增持存在股权质押公司的股票（Zhang，Qian and Shi，2020）。作为权利质押形式的一种，股权质权的担保功能源于股权的价值，股权的价值是股权质权担保功能的基础（阎天怀，1999）。股票市场的估值水平直接决定了质押股权的价值，必然会影响控股股东股权质押的意愿和规模（徐寿福、贺学会和陈晶萍，2016）。那么，错误定价是否会对控股股东股权质押决策产生影响？融资是投资的基础，在我国股价高估会通过增加融资的途径促进公司投资（李君平和徐龙炳，2015）。而对于不同融资约束程度的公司来说，资金需求程度及面临的外部融资环境均存在一定差异，错误定价对其融资决策的影响可能会有所不同。因而，在不同融资约束程度的公司，错误定价对控股股东股权质押决策的影响存在怎样的差异？

目前学术界对控股股东股权质押产生的经济后果进行了深入研究，并取得了丰富的初步成果，但是关于控股股东股权质押影响因素的文献研究还很匮乏，研究深入性还有待加强。鉴于此，本文以股权质押的影响因素为切入点，探讨错误定价对控股股东股权质押决策的影响。不仅丰富了关于控股股东股权质押影响因素的文献研究，还为完善上市公司治理机制、规范大股东行为、防范股权质押风险提供了理论指导。另外，关于错误定价对公司具体融资方式影响的研究较少，结合公司融资约束特征的研究更是缺乏，本文研究了错误定价对股权质押融资的影响，并考察了在不同融资约束程度下影响的差异性，进一步拓展了相关的文献研究。

二、理论分析与研究假设

（一）资产误定价与股权质押

只要企业存在负债，以控股股东为代表的内部人就有动机采取减少企业价值的行为，例如发放清算性股利或投资于高风险项目（Watts and Zimmerman，1986）。信息共享和抵押担保品都是帮助银行降低逆向选择成本的重要手段，为了尽可能地减少因债务人违约而造成的损失，银行等债权人通常在贷款合约中要求债务人提供担保作为损失的补偿，以降低债务代理成本，保证债权的安全（Karapetyan and Stacescu，2014）。银行等债权人对抵押担保品的追索权，具有增强债务人还款意愿、激励合约执行的作用（Barro，1976）。在我国信贷市场中，与国有企业相比，民营企业从银行贷款往往被要求提供抵押担保品（An，Pan and Tian，2014），家族控股公司的抵押担保品使用率更高（Pan and

Tian，2016）。作为权利质押形式之一的股权质押，就是为保障债权实现而设立的一种担保物权，实质上是一种信用扩张的融资杠杆操作行为。

公司贷款是以其资产作为潜在担保的，决定公司债务融资能力的一个关键因素是公司资产的市场价格。股票市场的估值水平是反映公司价值的重要信息，潜在的贷款者会根据公司股价决定授予公司的贷款额度和期限（Morck，Shleifer and Vishny，1990）。股票市场的价格高估往往会降低股权融资成本，促进公司的股权融资（Stein，1996；Baker，Stein and Jeffrey，2003）。由于股票市场和债券市场的联动性，股价高估不仅会降低股权融资成本，同时也会降低债务融资成本，因而错误定价也可能会影响公司的债务融资决策（徐浩萍和杨国超，2013）。因而，错误定价既会影响控股股东的股权质押决策，又会影响银行等金融机构的信贷决策。一方面，错误定价所导致的质押标的物价值的变化改变了控股股东的资产质量。当公司股价高估时，控股股东从银行等金融机构获得更多的资金。此外，随着投资者情绪的高涨，股价上涨，使得相应标的物价值增加，此时控股股东资信水平进一步提高（徐寿福、贺学会和陈晶萍，2016）。另一方面，错误定价所导致的质押标的物的价值变化还会影响银行等的贷款决策。由于信息不对称的存在，银行等金融机构难以准确地评估经济周期、行业前景、宏观经济政策等因素对企业价值的影响。信息不对称使得银行等金融机构通过股价的波动观察公司经营状况，较高的公司股价增强了金融机构提供贷款的意愿；而且，与其他质押标的物相比，由于股权具有更高的流动性，当公司无力偿还债务而发生违约风险时，用于质押的股权更易变现。由此推测，当股价高估时，控股股东股权质押积极性增强，质押次数增加，质押规模扩大；反之，控股股东股权质押积极性减弱，质押次数减少，质押比率降低。因此提出假设：

H1：限制其他条件，公司股价高估对控股股东股权质押意愿和规模具有显著正向影响。

（二）资产误定价、融资约束与股权质押

融资是投资的基础，现实中资本市场存在各种各样的摩擦，导致公司外部融资成本远高于内部融资成本，公司面临不同程度的融资约束。中国制度环境下，公司融资过程普遍存在政府干预或利用政府资源和渠道获得资金供给的现象（郑江淮和何旭强，2001）。与国有企业相比，民营企业面临更为严重的融资约束（魏志华、曾爱民和李博，2014）。与融资约束程度较低的企业相比，融资约束程度较高的企业有更高的投资－现金流敏感性（汪强、林晨和吴世农，2008），使得公司的投资无法达到最优水平，存在投资不足的现象（屈文洲、谢雅璐和叶玉妹，2011；卢太平和张东旭，2014）。对于不同融资约束程度的公司来说，资金需求程度及面临的外部融资环境均存在一定差异，错误定价对其融资决策的影响可能会有所不同。Campello 和 Graham

（2013）研究发现，错误定价对公司股权融资的影响随融资约束水平的提高存在递增趋势，而对公司债务融资的影响并不显著。李君平和徐龙炳（2015）研究发现，无论融资约束程度高低，错误定价对公司股权融资均有显著的正向影响；对于债务融资，当股价高估时会显著促进高程度融资约束公司的债务融资，但对于低程度融资约束公司并不存在显著影响，并且错误定价对高程度融资约束公司短期债务融资的正向影响远高于对长期债务融资的影响。可见，股价高估不仅会促进公司股权融资，也会促进公司的债务融资，此影响随着融资约束程度的提高呈现递增趋势。

股权质押是出质人以其拥有的股权作为标的物而设立的，实质上是担保贷款的一种形式。如前所述，错误定价可能会显著影响控股股东股权质押决策，而控股股东股权质押融资是其自身面临融资约束的重要信号（郑国坚、林东杰和林斌，2014）。由于控股股东与所控股公司的特殊利益关系，这也是上市公司面临融资约束的重要信号。由此推测，对于融资约束程度较高的公司来说，由于股价高估增强了公司债务融资能力，更希望利用股价高估的有利时机获取更多的借款，因此股价高估对控股股东股权质押意愿和规模的影响可能更显著。另外，虽然股价高估直接改变了控股股东的资产质量，为其资信状况提供了"背书"，但由于控股股东所控股公司面临较高的融资约束程度，意味着公司偿债能力有限，违约风险较高，此时银行对质押标的物会大打折扣，控股股东只能从银行等金融机构获得较少的资金，质押融资成本显著增加，控股股东股权质押意愿减弱和规模减小。由此提出竞争性假设：

H2a：限制其他条件，公司的融资约束对于股价高估与控股股东股权质押意愿和规模之间的正向关系具有强化作用。

H2b：限制其他条件，公司的融资约束对于股价高估与控股股东股权质押意愿和规模之间的正向关系具有弱化作用。

三、研究设计

（一）样本选取与数据来源

本文选择 2007～2018 年中国沪深 A 股上市公司为研究对象，按以下标准筛选样本：（1）剔除样本期内被 ST 或 PT 的公司；（2）剔除上市不足一年的公司；（3）剔除金融行业公司；（4）剔除存在数据缺失的公司。鉴于中国股票市场是典型的新兴市场，以中小投资者为主体的散户交易比率过大和换手率过高，整个股票市场频繁暴涨或猛跌，若以年度作为考察周期，那么过长的检验区间可能抹杀中国股票收益的真实特性（游家兴和吴静，2012）。因此，为准确地捕捉市场环境对控股股东股权质押决策的影响，本文以季度作为检验周期。另外，为保证实证结果不受极端值的影响，对所有连续性变量进行 1% 和 99% 分位数的缩尾处理。通过以上数据筛选过程，共计获得 77494 个样本观测值。该部分的股权质押数据来源于 Wind 资讯数据库，宏观经济景气指数来自中经网统计数据库，股票价格数据、公司财务数据和公司治理数据均来源于 CSMAR 数据库。本文所有数据处理均采用 Stata 13.0。

（二）模型设定与变量定义

1. 模型设定

为了检验研究假设，本文构建模型：

$$Plg_{i,t} = \alpha_0 + \alpha_1 Mis_{i,t} + \alpha_2 Mis_{i,t} \times KZ_{i,t} + \alpha_3 KZ_{i,t} + \sum \alpha_j Controls + \sum Yq + \sum Ind + \varepsilon_{i,t} \quad (1)$$

在模型（1）中，$Plg_{i,t}$ 为被解释变量，表示控股股东股权质押决策，分别采用控股股东季度内是否股权质押（$Plgdum$）、季度内累计股权质押次数（$Plgfrep$）、季度内累计股权质押比率（$Plgrat$）来度量。$Mis_{i,t}$ 为解释变量，表示公司资产误定价水平，在回归中主要关注系数 α_1 是否显著为正。交互项 $Mis \times KZ$ 检验不同融资约束水平下，资产误定价对控股股东股权质押决策的影响。应注意的是，当被解释变量为 $Plgdum$ 时，采用 Logit 模型进行回归；当被解释变量为 $Plgfrep$ 和 $Plgrat$ 时，由于许多上市公司并未发生股权质押，被解释变量中存在许多零值而采用 Tobit 模型进行回归。

2. 资产误定价估计模型

关于资产误定价的估计借鉴 Rhodes-Kropf、Viswanathan 和 Robinson（2005）的研究，通过比较公司市场价值与基础价值来衡量。首先，按照模型（2）分季度分行业进行回归，得到各个行业在每个季度的回归系数 $\{\alpha_{0jt}, \alpha_{1jt}, \alpha_{2jt}, \alpha_{3jt}, \alpha_{4jt}\}$；其次，对同行业各季度的回归系数求平均值，获得各行业的估计模型；然后，将公司各自变量的具体数值代入所属行业的估计式，估计出相应的基础价值（V）；最后，通过模型（3）计算 $\ln(M/V)$ 来衡量资产误定价水平（$Mis_{i,t}$）。

$$\ln M_{i,t} = \alpha_{0jt} + \alpha_{1jt} \ln B_{i,t} + \alpha_{2jt} \ln(NI)^+_{i,t} + \alpha_{3jt} I_{(<0)} \ln(NI)^+_{i,t} + \alpha_{4jt} Lev_{i,t} + \varepsilon_{i,t} \quad (2)$$

$$Mis_{i,t} = \ln(M/V)_{i,t} = m_{i,t} - v_{i,t} \quad (3)$$

其中，$M_{i,t}$ 为公司 i 在 t 期末的市场价值，为非流通股账面价值与流通股市场价值之和；$B_{i,t}$ 为公司 i 在 t 期末资产的账面价值；$(NI)^+_{i,t}$ 为公司 i 在 t 期末净利润绝对值；$I_{(<0)}$ 是公司净利润为负时的示性函数，当公司 i 第 t 期的净利润为负时取 1，反之取 0；$Lev_{i,t}$ 为公司 i 在 t 期末的资产负债率；$m_{i,t}$ 和 $v_{i,t}$ 分别为公司市场价值和基础价值的自然对数。

3. 融资约束

借鉴 Kaplan 和 Zingales（1997）以及魏志华、曾爱民和李博（2014）等的做法，以中国上市公司为样本构建融资约束 KZ 指数，用以衡量融资约束程度。

（1）将全样本的经营性净现金流/上期总资产（$CF_{i,t}/A_{i,t-1}$）、现金股利/上期总资产（$DIV_{i,t}/A_{i,t-1}$）、现金持有量/上期总资产（$Cash_{i,t}/A_{i,t-1}$）、资产负债率（$Lev_{i,t}$）和托宾 Q（$Tobinq_{i,t}$）以各指标的中位数为标准分类。如果 $CF_{i,t}/A_{i,t-1}$ 低于中位数则 $kz_1 = 1$，反之 $kz_1 = 0$；如果 $DIV_{i,t}/A_{i,t-1}$ 低于中位数则 $kz_2 = 1$，反之 $kz_2 = 0$；如果 $Cash_{i,t}/A_{i,t-1}$ 低于中位则 $kz_3 = 1$，反之 $kz_3 = 0$；如果 $Lev_{i,t}$ 高于中位数则 $kz_4 = 1$，反之 $kz_4 = 0$；如果 $Tobinq_{i,t}$ 高于中位数则 $kz_5 = 1$，反之 $kz_5 = 0$。

（2）计算 KZ 指数，令 $KZ = kz_1 + kz_2 + kz_3 + kz_4 + kz_5$。

（3）将 KZ 指数作为被解释变量对 $CF_{i,t}/A_{i,t-1}$、$DIV_{i,t}/A_{i,t-1}$、$Cash_{i,t}/A_{i,t-1}$、$Lev_{i,t}$ 和 $Tobinq_{i,t}$ 进行序列逻辑回归，估计出各变量的回归系数。

（4）运用回归模型的估计结果，计算每家上市公司各季度的融资约束程度 KZ 指数，见模型（4）。KZ 指数越大，表明上市公司面临的融资约束程度越高。

$$KZ_{i,t} = -14.8057 CF_{i,t}/A_{i,t-1} - 86.9622 DIV_{i,t}/A_{i,t-1} - 6.1585 Cash_{i,t}/A_{i,t-1} + 3.1545 Lev_{i,t} + 0.3823 Tobinq_{i,t} \tag{4}$$

此外，还控制了企业经营特征、公司治理特征、宏观经济特征等一系列其他变量，具体变量选取与定义如表 1 所示。

表 1　变量选取与定义

变量类型	变量符号	变量名称	变量定义	频率
被解释变量	$Plgdum$	是否股权质押	若季度内质押股权取 1，反之取 0	季度
	$Plgfrep$	股权质押频率	季度内累计质押股权次数	季度
	$Plgrat$	股权质押比率	季度内累计质押股数/季度末持股数	季度
解释变量	Mis	资产误定价水平	见模型（2）和模型（3）	季度
调节变量	KZ	融资约束程度	见模型（4）	季度
控制变量	$Macro$	宏观经济景气指数*	一致指数大于 100 取 1，反之取 0	季度
	$Size$	公司规模	公司总资产的自然对数	季度
	lev	资产负债率	公司总负债/总资产	季度
	Roe	净资产收益率	净利润/净资产	季度
	$Fdgap$	资金缺口	Δ 资产 - Δ 留存收益	季度
	$Cash$	自由现金流	经营活动产生的现金流净额/总资产	季度
	$Tobinq$	托宾 Q	市值/总资产	季度
	$Tngble$	有形资产比	固定资产净额/总资产	季度
	Age	上市年限	（1 + 年份 - 上市年份）的自然对数	年度
	$State$	产权性质	国有企业取 1，反之取 0	年度
	$Shrhfd$	股权集中度	第一控股股东持股比例的平方	年度
	$Bsize$	董事会规模	董事会人数的自然对数	年度
	$Indrct$	独董比例	独立董事人数/董事会人数	年度
	$Dual$	两职合一	董事长与总经理两职合一取 1，反之取 0	年度

续表

变量类型	变量符号	变量名称	变量定义	频率
	$Mnghld$	管理层持股比例	管理层持股数量/总股本	年度
控制变量	$Salary$	管理层薪酬	管理层薪酬总额的自然对数	年度
	Yq	季度虚拟变量	属于该季度时取 1,反之取 0	季度
	Ind	行业虚拟变量	属于该行业时取 1,反之取 0	年度

* 宏观经济景气指数包括:预警指数、一致指数（1996 年 = 100）、先行指数（1996 年 = 100）、滞后指数（1996 年 = 100）。其中,一致指数是反映当前经济的基本走势,由工业生产、就业、社会需求（投资、消费、外贸）、社会收入（国家税收、企业利润、居民收入）等 4 个方面合成;先行指数是由一组领先于一致指数的先行指标合成,用于对经济未来的走势进行预测;滞后指数是由落后于一致指数的滞后指标合成,主要用于对经济循环的峰与谷的一种确认;预警指数是把经济运行的状态分为 5 个级别,"红灯"表示经济过热,"黄灯"表示经济偏热,"绿灯"表示经济运行正常,"浅蓝灯"表示经济偏冷,"蓝灯"表示经济过冷。

四、实证分析

（一）描述性统计

主要变量的描述性统计结果如表 2 所示。

表 2　描述性统计结果

变量	均值	标准差	25% 分位数	中位数	75% 分位数	最小值	最大值
$Plgdum$	0.067	0.250	0.000	0.000	0.000	0.000	1.000
$Plgfrep$	0.113	0.472	0.000	0.000	0.000	0.000	3.000
$Plgrat$	0.020	0.092	0.000	0.000	0.000	0.000	0.643
Mis	0.024	0.558	− 0.371	− 0.006	0.389	− 1.179	1.523
$Macro$	0.313	0.464	0.000	0.000	1.000	0.000	1.000
$Size$	12.640	1.275	11.719	12.476	13.366	10.065	16.548
Lev	0.445	0.223	0.268	0.444	0.615	0.041	1.000
Roe	0.044	0.073	0.011	0.035	0.074	− 0.281	0.292
$Fdgap$	− 0.002	0.217	− 0.072	− 0.016	0.047	− 0.915	1.026
$Cash$	0.015	0.063	− 0.019	0.012	0.047	− 0.170	0.206
$Tobinq$	2.370	2.160	0.981	1.734	2.963	0.209	12.594
$Tngble$	0.231	0.170	0.098	0.196	0.330	0.002	0.731
Age	2.055	0.831	1.609	2.303	2.708	0.000	3.178
$State$	0.452	0.498	0.000	0.000	1.000	0.000	1.000
$Shrhfd$	0.151	0.122	0.055	0.114	0.217	0.008	0.566
$Bsize$	2.162	0.200	2.079	2.197	2.197	1.609	2.708
$Indrct$	0.370	0.052	0.333	0.333	0.400	0.300	0.571
$Dual$	0.229	0.420	0.000	0.000	0.000	0.000	1.000
$Mnghld$	0.079	0.162	0.000	0.000	0.041	0.000	0.656
$Salary$	14.967	0.791	14.473	14.975	15.473	12.914	16.980

经分析发现，控股股东股权质押的三个特征变量（$Plgdum$、$Plgfrep$ 和 $Plgrat$）的均值分别为 0.067、0.113 和 0.020，与徐寿福、贺学会和陈晶萍（2016）以及谭燕和吴静（2013）的统计结果类似，表明控股股东季度内存在连续股权质押行为，且部分公司股权质押比率高达 64.3%。资产误定价水平（Mis）的均值和中位数分别为 0.024 和 −0.006，表明总体而言在我国资本市场上存在一定的股价被高估现象，与已有研究发现的我国股票市场存在泡沫的观点相符。宏观经济景气指数（$Macro$）的均值为 0.313，表明整个样本期间仅有 30% 的时段宏观经济运行状况是乐观的，与我国进入经济新常态阶段有关。企业资产负债率（Lev）的均值为 0.445，净资产收益率（Roe）的均值为 0.044，表明样本公司盈利状况良好且在经营过程中进行了适度负债。两职合一（$Dual$）的均值为 0.229，说明董事长和总经理两职分离是我国上市公司普遍采用的治理结构。独董比例（$Indrct$）的均值为 0.370，符合我国《公司法》有关董事会中独立董事人数的规定。股权集中度（$Shrhfd$）的均值为 0.151，表明我国上市公司股权结构较集中，这为控股股东实施股权质押提供了"物质基础"。

（二）单变量比较检验

根据资产误定价水平的不同对控股股东股权质押特征进行单变量检验，结果如表 3 所示。以资产误定价水平（Mis）作为分组标准，如果 $Mis > 0$ 则定义为股价被高估组，反之则定义为股价被低估组。检验结果显示，股价被高估组 $Plgdum$、$Plgfrep$ 和 $Plgrat$ 的均值分别为 0.08、0.15 和 0.02，显著高于股价被低估组 $Plgdum$、$Plgfrep$ 和 $Plgrat$ 的均值 0.05、0.08 和 0.02。中位数的比较检验也证实股价被高估组和股价被低估组股权质押特征存在显著差异。单变量检验初步表明，在股价被高估时控股股东股权质押的积极性更强，股权质押的规模更大。

表 3　单变量比较检验

组别	$Plgdum$		$Plgfrep$		$Plgrat$	
	均值	中位数	均值	中位数	均值	中位数
低估组	0.05	0.00	0.08	0.00	0.02	0.00
高估组	0.08	0.00	0.15	0.00	0.02	0.00
差异性检验	− 0.034 ***	− 19.102 ***	− 0.073 ***	− 19.434 ***	− 0.008 ***	− 18.813 ***

注：均值（中位数）检验采用了 T（Wilcoxon）检验；*** 表示 1% 的显著性水平，** 表示 5% 的显著性水平，* 表示 10% 的显著性水平，余同。

（三）回归结果分析

1. 资产误定价与股权质押

在此，以资产误定价水平 Mis 为解释变量，采用 Logit 和 Tobit 模型检验资产误定价对控股股东股权质押决策的影响，结果见表 4。当以 *Plgdum* 为被解释变量时，采用 Logit 模型进行回归，*Mis* 的系数在 1% 的显著性水平上为正，表明资产误定价程度越高，控股股东越有可能实施股权质押。当以 *Plgfrep* 为被解释变量时，采用 Tobit 模型进行回归，*Mis* 的系数在 1% 的显著性水平上为正，表明资产误定价程度越高，控股股东股权质押频率也越高。当以 *Plgrat* 为被解释变量时，采用 Tobit 模型进行回归，*Mis* 的系数在 1% 的显著性水平上为正，表明控股股东股权质押规模与资产误定价正相关。

表 4　资产误定价与股权质押

变量	被解释变量					
	Plgdum	*Plgdum*	*Plgfrep*	*Plgfrep*	*Plgrat*	*Plgrat*
Mis	0.550 ***	0.513 ***	0.958 ***	0.791 ***	0.160 ***	0.138 ***
	(10.71)	(5.29)	(10.83)	(5.77)	(10.32)	(5.42)
Macro		− 0.730 ***		− 1.110 ***		− 0.201 ***
		(− 5.72)		(− 5.99)		(− 5.52)
Size		0.046		0.077		0.003
		(0.82)		(0.95)		(0.23)
Lev		0.922 ***		1.377 ***		0.259 ***
		(4.58)		(4.74)		(4.72)
Age		0.241 ***		0.361 ***		0.063 ***
		(3.73)		(3.81)		(3.59)
Roe		0.095		0.298		0.034
		(0.25)		(0.52)		(0.31)
Cash		− 0.692		− 0.915		− 0.136
		(− 1.62)		(− 1.48)		(− 1.18)
Fdgap		0.160 **		0.264 **		0.060 ***
		(2.29)		(2.55)		(2.94)
Tobinq		0.095 ***		0.138 ***		0.028 ***
		(3.52)		(3.42)		(3.73)
Tngble		− 0.304		− 0.527		− 0.104
		(− 0.95)		(− 1.12)		(− 1.21)
State		− 2.495 ***		− 3.350 ***		− 0.625 ***
		(− 17.07)		(− 19.32)		(− 19.79)
Shrhfd		1.116 ***		1.655 ***		0.195 **
		(2.99)		(3.02)		(2.00)
Bsize		0.332		0.431		0.086
		(1.33)		(1.18)		(1.30)
Indrct		0.606		0.410		0.031
		(0.73)		(0.35)		(0.15)
Dual		0.059		0.084		0.016
		(0.75)		(0.72)		(0.76)

续表

变量	被解释变量					
	Plgdum	*Plgdum*	*Plgfrep*	*Plgfrep*	*Plgrat*	*Plgrat*
Mnghld		0.630 **		0.735 *		0.117
		(2.22)		(1.75)		(1.52)
Salary		− 0.111		− 0.158		− 0.038 *
		(− 1.50)		(− 1.42)		(− 1.85)
_cons	− 2.692 ***	− 2.454 *	− 5.257 ***	− 3.675 *	− 0.986 ***	− 0.469
	(− 58.47)	(− 1.79)	(− 44.90)	(− 1.84)	(− 35.98)	(− 1.29)
Ind	No	Yes	No	Yes	No	Yes
Yq	No	Yes	No	Yes	No	Yes
N(个)	77461	74003	77461	74834	77461	74834
Pseudo R^2	0.0124	0.1715	0.0099	0.1280	0.0117	0.1746
chi^2	114.745	1370.226				

回归结果表明，控股股东股权质押决策受到股票市场估值水平的显著影响，即当股价高估时，控股股东股权质押的意愿增强，当期质押次数显著增加甚至连续性质押，倾向于在高价位大规模质押股权，此时能够从银行等金融机构取得更大规模的资金。反之，当股价低估时，控股股东股权质押的意愿减弱，当期质押次数显著减少，甚至不会发生质押行为，假设 H1 得到检验。这些发现意味着，控股股东股权质押决策存在利用资本市场低效率的现象，对投资机会过度乐观的市场估值能够激励以控股股东为主要代表的内部人利用投资者的认知偏差，迎合其非理性偏好，及时对资本市场错误定价做出反应从而筹集更多的资金。

控制变量的回归结果显示，控股股东股权质押的三个特征变量在 1% 的显著性水平上与宏观经济景气指数（ *Macro* ）负相关，表明企业的投融资决策受宏观经济环境的影响，经济周期是控股股东在股权质押决策时考虑的重要外部因素。控股股东股权质押的三个特征变量均在 1% 的显著性水平上与企业资产负债率（ *Lev* ）、上市年限（ *Age* ）和托宾 Q（ *Tobinq* ）正相关，而在 1% 的显著性水平上与产权性质（ *State* ）负相关，表明对于那些高负债率、高成长性的非国有企业，控股股东股权质押的积极性更高和质押规模更大。控股股东股权质押的三个特征变量分别在 1%、1% 和 5% 的显著性水平上与股权集中度（ *Shrhfd* ）正相关，说明股权集中为控股股东股权质押融资方式的产生提供了 "物质基础"。控股股东股权质押决策不仅受资产误定价的影响，还受企业内外部等多种因素的影响，是综合权衡企业内外部等影响因素的结果。

2. 资产误定价与股权质押：依据资产误定价水平分组

由于公司股价存在高估或低估的情况，为进一步检验控股股东能否对资产误定价及时做出反应，将资产误定价水平（Mis）取绝对值（｜Mis｜），并按照资产误定价绝对值（｜Mis｜）的中位数进行分组，当资产误定价的绝对值（｜Mis｜）高于中位数时，划分为误定价水平高组；当资产误定价的绝对值（｜Mis｜）低于中位数时，划分为误定价水平低组，回归结果如表 5 所示。控股股东股权质押的三个特征变量（$Plgdum$、$Plgfrep$ 和 $Plgrat$）与全样本组和误定价水平高样本组的｜Mis｜均显著正相关，与误定价水平低样本组的｜Mis｜虽也呈正相关关系，但并不显著。这进一步证实控股股东股权质押决策存在利用资本市场的低效率现象，根据股票市场的估值水平相机调整其质押决策。

表 5　资产误定价与股权质押：依据资产误定价水平分组

变量	$Plgdum$			$Plgfrep$			$Plgrat$		
	全样本	水平高	水平低	全样本	水平高	水平低	全样本	水平高	水平低
｜Mis｜	0.240 ***	0.238 *	0.021	0.355 ***	0.408 *	0.036	0.067 ***	0.080 **	0.015
	(2.90)	(1.74)	(0.10)	(3.03)	(1.87)	(0.12)	(3.04)	(2.08)	(0.25)
$Macro$	−1.846 ***	−0.537 ***	−0.642 ***	−2.548 ***	−0.755 ***	−0.977 ***	−0.470 ***	−0.134 ***	−0.180 ***
	(−7.88)	(−6.76)	(−8.12)	(−8.16)	(−6.42)	(−8.36)	(−7.57)	(−6.17)	(−7.87)
$Size$	0.098 *	0.224 ***	0.184 ***	0.159 **	0.356 ***	0.275 ***	0.017	0.053 ***	0.038 **
	(1.77)	(4.39)	(3.08)	(1.97)	(4.49)	(3.01)	(1.16)	(3.71)	(2.22)
Lev	0.973 ***	0.457 **	1.083 ***	1.440 ***	0.714 **	1.686 ***	0.269 ***	0.133 **	0.323 ***
	(4.88)	(2.17)	(4.66)	(4.95)	(2.19)	(4.76)	(4.90)	(2.23)	(4.79)
Age	0.249 ***	0.337 ***	0.165 **	0.374 ***	0.533 ***	0.272 **	0.066 ***	0.095 ***	0.047 **
	(3.86)	(4.71)	(2.33)	(3.93)	(4.90)	(2.51)	(3.72)	(4.82)	(2.33)
Roe	0.073	−0.093	0.188	0.263	0.116	0.427	0.030	−0.001	0.068
	(0.20)	(−0.24)	(0.38)	(0.47)	(0.19)	(0.55)	(0.29)	(−0.01)	(0.46)
$Cash$	−0.738 *	−0.565	−0.090	−0.998	−0.722	−0.075	−0.149	−0.072	0.008
	(−1.75)	(−1.17)	(−0.16)	(−1.62)	(−0.98)	(−0.09)	(−1.30)	(−0.54)	(0.05)
$Fdgap$	0.201 ***	0.126	0.374 ***	0.331 ***	0.229	0.586 ***	0.072 ***	0.048 *	0.123 ***
	(2.92)	(1.37)	(3.41)	(3.20)	(1.59)	(3.43)	(3.52)	(1.73)	(3.66)
$Tobinq$	−0.027	0.026	0.016	−0.029	0.046 *	0.042	−0.009	0.004	0.001
	(−1.23)	(1.64)	(0.40)	(−0.89)	(1.79)	(0.68)	(−1.49)	(0.92)	(0.05)
$Tngble$	−0.315	0.070	−0.099	−0.548	0.057	−0.234	−0.107	0.008	−0.054
	(−0.98)	(0.25)	(−0.32)	(−1.15)	(0.13)	(−0.50)	(−1.23)	(0.11)	(−0.63)
$State$	−2.529 ***	−2.702 ***	−2.669 ***	−3.414 ***	−3.828 ***	−3.702 ***	−0.635 ***	−0.690 ***	−0.695 ***
	(−17.24)	(−16.11)	(−15.98)	(−19.50)	(−18.50)	(−17.85)	(−20.06)	(−18.82)	(−18.13)
$Shrhfd$	1.218 ***	1.045 **	0.957 **	1.828 ***	1.485 **	1.427 **	0.225 **	0.162	0.179 *
	(3.20)	(2.37)	(2.57)	(3.27)	(2.19)	(2.55)	(2.26)	(1.41)	(1.71)

续表

变量	Plgdum			Plgfrep			Plgrat		
	全样本	水平高	水平低	全样本	水平高	水平低	全样本	水平高	水平低
Bsize	0.351	0.054	-0.304	0.476	0.020	-0.404	0.094	0.007	-0.056
	(1.39)	(0.18)	(-1.11)	(1.29)	(0.04)	(-0.96)	(1.40)	(0.09)	(-0.74)
Indrct	0.722	0.956	-0.951	0.588	1.113	-1.479	0.062	0.153	-0.296
	(0.86)	(0.93)	(-1.01)	(0.50)	(0.72)	(-1.06)	(0.29)	(0.57)	(-1.13)
Dual	0.061	0.115	0.116	0.083	0.173	0.166	0.016	0.028	0.036
	(0.78)	(1.24)	(1.27)	(0.71)	(1.20)	(1.18)	(0.75)	(1.08)	(1.36)
Mnghld	0.594 **	0.640 **	0.781 **	0.683	0.807	1.031 **	0.108	0.129	0.175 *
	(2.10)	(1.99)	(2.43)	(1.62)	(1.64)	(2.07)	(1.40)	(1.49)	(1.90)
Salary	-0.101	0.026	-0.148 **	-0.141	0.044	-0.217 *	-0.035 *	-0.002	-0.048 **
	(-1.36)	(0.35)	(-1.98)	(-1.26)	(0.38)	(-1.84)	(-1.70)	(-0.09)	(-2.14)
Ind	Yes	Yes	Yes	Yes	Yes	Yes	Yes	Yes	Yes
Yq	Yes	Yes	Yes	Yes	Yes	Yes	Yes	Yes	Yes
N(个)	74384	37550	37284	74834	37550	37284	74834	37550	37284
Pseudo R^2	0.168	0.129	0.132	0.126	0.094	0.097	0.172	0.130	0.135
chi^2	1370.67	463.73	478.99						

3. 资产误定价、融资约束与股权质押

如表6所示，控股股东股权质押的三个特征变量（$Plgdum$、$Plgfrep$和$Plgrat$）与资产误定价水平（Mis）均在1%的显著性水平上正相关，表明无论融资约束程度高低，资产误定价均会显著影响控股股东的股权质押决策；融资约束程度变量（KZ）的回归系数在全样本组和低程度融资约束组均在1%的显著性水平上为正，高程度融资约束组的回归系数虽也为正，但并不显著，表明公司面临融资约束是促使控股股东股权质押的重要动因，但该影响只存在于低程度融资约束的公司。交互项（$Mis \times KZ$）的回归系数在全样本组和高程度融资约束组分别在10%和5%的显著性水平上为负，且全样本组回归系数的绝对值低于高程度融资约束组回归系数的绝对值，低程度融资约束组的回归系数虽为正，但并不显著，表明对于低程度融资约束公司来说，错误定价对控股股东股权质押决策并不存在显著影响；对于高程度融资约束公司来说，错误定价对控股股东股权质押决策存在显著的负向影响；而且，这种负向影响随着公司融资约束程度的提高而递增。研究表明，在公司面临融资约束，尤其是较高程度融资约束的情况下，控股股东股权质押积极性明显减弱，假设H2b得到检验。虽然股价被高估直接改变了控股股东的资产质量，为其资信状况提供了"背书"，但由于控股股东所控股公司面临较高程度融资约束，意味着公司偿债能力有限，违约风险较高，此时银行对质押标的物会大打折扣，控股股东只能从银行获得较少的资金，质押融资成本显著增加。

表6　资产误定价、融资约束与股权质押

变量	Plgdum			Plgfrep			Plgrat		
	全样本	高约束	低约束	全样本	高约束	低约束	全样本	高约束	低约束
Mis	0.514 ***	0.666 ***	0.540 ***	0.790 ***	0.979 ***	0.828 ***	0.138 ***	0.170 ***	0.147 ***
	(5.26)	(5.74)	(4.07)	(5.72)	(6.16)	(4.36)	(5.42)	(5.76)	(4.08)
KZ	0.066 ***	0.008	0.088 ***	0.101 ***	0.009	0.133 ***	0.017 ***	0.000	0.024 ***
	(3.05)	(0.15)	(3.03)	(3.14)	(0.12)	(3.26)	(2.77)	(0.03)	(2.95)
$Mis \times KZ$	−0.015 *	−0.034 **	0.029	−0.023 *	−0.047 **	0.050	−0.005 *	−0.009 **	0.008
	(−1.68)	(−2.11)	(1.05)	(−1.67)	(−2.27)	(1.26)	(−1.72)	(−2.44)	(1.05)
控制变量	Yes	Yes	Yes	Yes	Yes	Yes	Yes	Yes	Yes
Ind	Yes	Yes	Yes	Yes	Yes	Yes	Yes	Yes	Yes
Yq	Yes	Yes	Yes	Yes	Yes	Yes	Yes	Yes	Yes
N（个）	74384	36485	38349	74834	36485	38349	74834	36485	38349
Pseudo R^2	0.1722	0.1913	0.1702	0.1285	0.1419	0.1288	0.1754	0.1955	0.1754
chi^2	1403.23	977.02	1072.87						

五、稳健性检验

为保证研究结论的稳健性，本文进行了如下稳健性检验。

第一，改用 Berger 和 Ofek（1995）的做法、Feltham 和 Ohlson（1995）的剩余收益模型重新估计资产误定价水平，得到资产误定价水平 Mis_2 和 Mis_3，分别重新进行回归，结果如表7所示。回归结果表明，控股股东股权质押的三个特征变量（ $Plgdum$ 、 $Plgfrep$ 和 $Plgrat$ ）与资产误定价水平变量 Mis_2 在1%或5%的显著性水平上正相关，而与资产误定价水平变量 Mis_3 均在5%的显著性水平上正相关，与上文所得结论保持一致。

表7　资产误定价与股权质押：Mis_2 和 Mis_3

变量	Plgdum	Plgfrep	Plgrat	Plgdum	Plgfrep	Plgrat
Mis_2	0.220 ***	0.296 **	0.062 ***			
	(2.66)	(2.39)	(2.66)			
Mis_3				0.139 **	0.209 **	0.037 **
				(2.42)	(2.52)	(2.47)
控制变量	Yes	Yes	Yes	Yes	Yes	Yes
Ind	Yes	Yes	Yes	Yes	Yes	Yes

续表

变量	Plgdum	Plgfrep	Plgrat	Plgdum	Plgfrep	Plgrat
Yq	Yes	Yes	Yes	Yes	Yes	Yes
N(个)	74003	74865	74865	74000	74862	74862
Pseudo R^2	0.1689	0.1258	0.1723	0.1689	0.1259	0.1722
chi^2	1360.413			1358.259		

第二，内生性检验。对资产误定价影响股权质押的结论可能存在质疑，究竟是股权质押影响了资产误定价还是资产误定价影响了股权质押。本文借鉴张传财和陈汉文（2017）等的做法，以当期股权质押特征为被解释变量，用资产误定价与控制变量滞后一期的值对其进行回归分析，内生性检验结果与主检验结果一致，说明本文研究结论具有一定的稳健性。

第三，为了检验不同融资约束程度下资产误定价对控股股东股权质押决策的影响，以销售收入增长率（Growth）作为投资机会替代变量替代 Tobinq 构建融资约束程度（KZ_2）指数，结果如表8所示。控股股东股权质押的三个特征变量（Plgdum、Plgfrep 和 Plgrat）与资产误定价水平（Mis）均在1%的显著性水平上正相关，与前文回归结果一致；融资约束程度（KZ_2）的回归系数在全样本组和低程度融资约束组均在1%的显著性水平上为正，高程度融资约束组的回归系数虽为负，但并不显著，与前文研究结果一致；交互项（$Mis \times KZ_2$）的回归系数在全样本组和高程度融资约束组分别在5%和10%、5%和5%、1%和1%的显著性水平上为负，低程度融资约束组的回归系数虽为正，但并不显著，与前文研究结果一致。

表8 资产误定价、融资约束与股权质押：Growth 替代 Tobinq

变量	Plgdum			Plgfrep			Plgrat		
	全样本	高约束	低约束	全样本	高约束	低约束	全样本	高约束	低约束
Mis	0.549 ***	0.668 ***	0.603 ***	0.839 ***	0.945 ***	0.929 ***	0.148 ***	0.164 ***	0.166 ***
	(5.55)	(4.42)	(4.66)	(5.99)	(5.02)	(5.01)	(5.73)	(4.73)	(4.74)
KZ_2	0.074 ***	− 0.061	0.098 ***	0.113 ***	− 0.116	0.144 ***	0.019 ***	− 0.027	0.025 ***
	(2.86)	(− 0.87)	(3.24)	(2.95)	(− 1.17)	(3.36)	(2.58)	(− 1.40)	(3.04)
$Mis \times KZ_2$	− 0.035 **	− 0.081 *	0.015	− 0.050 **	− 0.103 **	0.020	− 0.010 ***	− 0.019 ***	0.002
	(− 2.57)	(− 1.75)	(0.99)	(− 2.46)	(− 2.35)	(0.81)	(− 2.66)	(− 2.58)	(0.49)
Ind	Yes	Yes	Yes	Yes	Yes	Yes	Yes	Yes	Yes
Yq	Yes	Yes	Yes	Yes	Yes	Yes	Yes	Yes	Yes
N(个)	74003	36415	37339	74834	37001	37833	74834	37001	37833
Pseudo R^2	0.1724	0.2033	0.1655	0.1286	0.1525	0.1240	0.1755	0.2101	0.1694
chi^2	1421.54	987.06	1080.24						

六、研究结论与启示

（一）研究结论

本文基于 2007～2018 年沪深 A 股上市公司的股权质押数据，以股权质押的影响因素为切入点，探讨错误定价对控股股东股权质押决策的影响，并考察了不同融资约束程度下错误定价对控股股东股权质押决策影响的差异性。研究发现，为最大化自身利益，控股股东的股权质押决策存在利用资本市场低效率的现象，依据股票市场的估值水平相机调整其质押决策。当股价高估时，控股股东股权质押的积极性增强，质押规模扩大；反之，控股股东股权质押的积极性明显减弱，缩减质押规模。对于低程度融资约束公司来说，错误定价对控股股东的股权质押决策并不存在显著影响；对于高程度融资约束公司来说，错误定价对控股股东的股权质押决策存在显著的负向影响，并且这种负向影响随着公司融资约束程度的提高而递增，说明在公司面临融资约束，尤其是较高程度融资约束的情况下，控股股东股权质押积极性明显减弱。虽然股价被高估直接改变了控股股东的资产质量，为其资信状况提供了"背书"，但由于控股股东所控股公司面临较高程度融资约束，也就意味着公司偿债能力有限，违约风险较高，此时银行对质押标的物会大打折扣，控股股东只能从银行获得较少的资金，质押融资成本显著增加。这对于进一步探讨股权质押的经济后果、防控股权质押风险具有重要的意义。

（二）研究启示

资本市场并不是完全有效的，以控股股东为代表的内部人可能利用投资者认知偏差，当公司股价高估时，通过发行新证券或债务融资从投资者或银行手中获取最大化的收益，实现财富由投资者向公司大股东的转移。资本市场错误定价对控股股东股权质押的意愿和规模具有显著影响，尤其在公司面临较高程度融资约束时此影响更明显。上市公司股权质押风险之所以频发，是因为控股股东利用了投资者的认知偏差，在股价高估时大规模股权质押而获取更多的资金，而在股价暴跌的情况下又无力追加质押。作为担保贷款形式一种的股权质押融资，犹如一把双刃剑，发挥其积极作用的关键在于健全上市公司治理结构，进一步规范大股东行为，完善股权质押信息披露规则，限定股权质押融资比例，防范股权质押风险。另外，由于公司股价波动还受到投资者情绪的影响，监管部门与上市公司更要注意稳定投资者预期，坚定投资者信心。

参考文献

艾大力，王斌. 2012. 论大股东股权质押与上市公司财务：影响机理与市场反应. 北京工商大学学报（社会科学版），27（4）：72 – 76.

郝项超，梁琪. 2009. 最终控制人股权质押损害公司价值么？. 会计研究，7：59 – 65.

何平林，辛立柱，潘哲煜，李涛. 2018. 上市公司股票送转行为动机研究——基于股权质押融资视角的证据. 会计研究，3：59 – 65.

何威风，刘怡君，吴玉宇. 2018. 大股东股权质押和企业风险承担研究. 中国软科学，5：110 – 122.

蒋秋菊，陈少华，强欣荣. 2017. 控股股东股权质押与管理层盈余预测策略选择——来自中国资本市场的经验证据. 当代会计评论，2：138 – 164.

李常青，幸伟，李茂良. 2018. 控股股东股权质押与现金持有水平："掏空"还是"规避控制权转移风险". 财贸经济，39（4）：82 – 98.

李常青，幸伟. 2018a. 控股股东股权质押影响高管薪酬 – 业绩敏感性吗？. 经济管理，40（5）：157 – 174.

李常青，幸伟. 2018b. 控股股东股权质押与上市公司信息披露. 统计研究，34（12）：75 – 86.

李君平，徐龙炳. 2015. 资本市场错误定价、融资约束与公司融资方式选择. 金融研究，12：113 – 129.

李晓霞，罗党论，徐畅，陈平. 2020. 融资约束与大股东股权质押——来自 A 股民营上市公司的实证证据. 金融学季刊，14（1）：1 – 24.

卢太平，张东旭. 2014. 融资需求、融资约束与盈余管理. 会计研究，1：35 – 41.

屈文洲，谢雅璐，叶玉妹. 2011. 信息不对称、融资约束与投资 – 现金流敏感性——基于市场微观结构理论的实证研究. 经济研究，6：105 – 117.

谭燕，吴静. 2013. 股权质押具有治理效用吗？——来自中国上市公司的经验证据. 会计研究，2：47 – 55.

唐玮，夏晓雪，姜付秀. 2019. 控股股东股权质押与公司融资约束. 会计研究，6：51 – 57.

汪强，林晨，吴世农. 2008. 融资约束、公司治理与投资 – 现金流敏感性——基于中国上市公司的实证研究. 当代财经，12：106 – 111.

王斌，蔡安辉，冯洋. 2013. 大股东股权质押、控制权转移风险与公司业绩. 系统工程理论与实践，33（7）：1762 – 1773.

王斌，宋春霞. 2015. 大股东股权质押、股权性质与盈余管理方式. 华东经济管理，8：118 – 128.

王雄元，欧阳才越，史震阳. 2018. 股权质押、控制权转移风险与税收规避. 经济研究，1：140 – 154.

魏志华，曾爱民，李博. 2014. 金融生态环境与企业融资约束——基于中国上市公司的实证研究. 会计研究，5：73 – 80.

文雯，陈胤默，黄雨婷. 2018. 控股股东股权质押对企业创新的影响研究. 管理学报，15（7）：998 – 1008.

夏常源，贾凡胜. 2019. 控股股东股权质押与股价崩盘："实际伤害"还是"情绪宣泄". 南开管理评论，22（5）：165 – 177.

谢德仁，廖珂 . 2018. 控股股东股权质押与上市公司真实盈余管理 . 会计研究，8：21 – 27.

谢德仁，郑登津，崔宸瑜 . 2016. 控股股东股权质押是潜在的"地雷"吗？——基于股价崩盘风险视
　　角的研究 . 管理世界，5：128 – 140.

徐浩萍，杨国超 . 2013. 股票市场投资者情绪的跨市场效应——对债券融资成本影响的研究 . 财经研
　　究，2：47 – 57.

徐寿福，贺学会，陈晶萍 . 2016. 股权质押与大股东双重择时动机 . 财经研究，42（6）：74 – 86.

阎天怀 . 1999. 论股权质押 . 中国法学，1：66 – 75.

游家兴，吴静 . 2012. 沉默的螺旋：媒体情绪与资产误定价 . 经济研究，7：141 – 152.

翟胜宝，许浩然，刘耀淞，唐玮 . 2017. 控股股东股权质押与审计师风险应对 . 管理世界，10：
　　51 – 65.

张传财，陈汉文 . 2017. 产品市场竞争、产权性质与内部控制质量 . 会计研究，5：75 – 82.

张龙平，潘临，欧阳才越，熊家财 . 2016. 控股股东股权质押是否影响审计师定价策略？——来自中
　　国上市公司的经验证据 . 审计与经济研究，31（6）：35 – 45.

张瑞君，徐鑫，王超恩 . 2017. 大股东股权质押与企业创新 . 审计与经济研究，4：63 – 73.

郑国坚，林东杰，林斌 . 2014. 大股东股权质押、占款与企业价值 . 管理科学学报，17（9）：72 – 87.

郑江淮，何旭强 . 2001. 上市公司投资的融资约束：从股权结构角度的实证分析 . 金融研究，11：92 –
　　99.

An，C.，X. Pan，& G. G. Tian . 2014. Ownership structure and collateral requirements：Evidence from
　　china's listed firms. *International Review of Financial Analysis*，36：168 – 178.

Anderson，R.，& M. Puleo. 2020. Insider share-pledging and equity risk. *Journal of Financial Services
　　Research*，58（1）：1 – 25.

Baker，M.，J. C. Stein，& W. Jeffrey. 2003. When does the market matter? Stock prices and the
　　investment of equity-dependent firms. *Quarterly Journal of Economics*，118（3）：969 – 1005.

Barro，R. J. 1976. Integral constraints and aggregation in an inventory model of money demand. *Journal of
　　Finance*，31（1）：77 – 88.

Berger，P.，& E. Ofek. 1995. Diversification's effect on firm value. *Journal of Financial Economics*，37
　　（11）：39 – 65.

Bhatia，S.，S. Choudhary，A. Dugar，S. Mazumdar，& D. H. Zhou. 2019. Stock pledging and earnings
　　management：An empirical analysis. *Asian Review of Accounting*，27（3）：350 – 372.

Cai，H. 2019. The influence of large shareholders' equity pledge on the corporate risk-taking and
　　performance. *Journal of Service Science and Management*，12（3）：451 – 463.

Campello，M.，& J. R. Graham. 2013. Do stock prices influence corporate decisions? Evidence from the
　　technology bubble. *Journal of Financial Economics*，107（1）：89 – 110.

Chan，K.，H. K. Chen，S. Y. Hu，& Y. J. Liu. 2018. Share pledges and margin call pressure. *Journal
　　of Corporate Finance*，52：96 – 117.

Chen，A. L.，L. F. Kao，& Y. K. Chen. 2012. Agency costs of controlling shareholders' share pledge with

Taiwan evidence. *Review of Pacific Basin Financial Markets and Policies*, 10 (2): 173 – 191.

Chen, J. M. 2019. The impact of controlling shareholder equity pledge on R & D investment. *American Journal of Industrial and Business Management*, 9 (12): 2129 – 2143.

Dou, Y., R. W. Masulis, & J. Zein. 2019. Shareholder wealth consequences of insider pledging of company stock as collateral for personal loans. *The Review of Financial Studies*, 32 (12): 4810 – 4854.

Feltham, G. A., & J. A. Ohlson. 1995. Valuation and clean surplus accounting for operating and financial activities. *Contemporary Accounting Research*, 1995, 11 (2): 689 – 731.

Huang, Z. Z., & X. Y. Han. 2014. Large shareholders' equity collateral, assets expropriation, and earnings management. *Contemporary Accounting Review*, 2: 19 – 34.

Huang, Z. Z., & Xue, Q. 2016. Re-examination of the effect of ownership structure on financial reporting: Evidence from share pledges in china. *China Journal of Accounting Research*, 9 (2): 137 – 152.

Kao, L. F., & A. L. Chen. 2007. Directors' share collateralization, earnings management and firm performance. *Taiwan Accounting Review*, 6 (2): 153 – 172.

Kaplan, S. N., & L. G. Zingales. 1997. Do investment-cash flow sensitivities provide useful measures of financing constraints?. *Quarterly Journal of Economics*, 1: 169 – 215.

Karapetyan, A., & B. Stacescu. 2014. Does information sharing reduce the role of collateral as a screening device?. *Journal of Banking & Finance*, 43 (1): 48 – 57.

Li, W. L., J. T. Zhou, Z. Q. Yan, & H. Zhang. 2019. Controlling shareholder share pledging and firm cash dividends. *Emerging Markets Review*, 42: 1 – 25.

Li, X. X., J. Liu, & K. M. Wang. 2019. Pledgee competition, strategic disclosure, and future crash risk. *China Journal of Accounting Research*, 12 (3): 271 – 291.

Liao, K., M. Z. Wang, D. R. Xie, & D. J. Zheng. 2018. Does controlling shareholders' financial risk affect auditors' perceptions of firms' financial reporting risk? Evidence from share pledging. *Social Science Electronic Publishing*, SSRN: https://ssrn.com/abstract = 3267040.

Morck, R., A. Shleifer, & R. W. Vishny. 1990. Do managerial objectives drive bad acquisitions?. *Journal of Finance*, 45 (1): 31 – 48.

Ouyang, C., J. Xiong, & L. Fan. 2018. Do insiders share pledging affect executive pay-for-performance sensitivity?. *International Review of Economics & Finance*, 63: 226 – 239.

Pan, X., & G. G. Tian. 2016. Family control and loan collateral: Evidence from china. *Journal of Banking & Finance*, 67: 53 – 68.

Pang, C. J., & Y. Wang. 2019. Stock pledge, risk of losing control and corporate innovation. *Journal of Corporate Finance*, https://doi. org/10. 1016/j. jcorpfin.

Rhodes-Kropf, M., S. Viswanathan, & D. T. Robinson. 2005. Valuation waves and merger activity: The empirical evidence. *Journal of Financial Economics*, 77 (3): 561 – 603.

Shen, H. 2019. Does shareholder's share pledge induce high stock dividends? An empirical test based on the data of gem companies. *Open Journal of Business and Management*, 7 (2): 1007 – 1030.

Singh, P. 2018. Does share pledge by controlling shareholders always destroy firm value? . *Social Science Electronic Publishing*, SSRN: https://ssrn.com/abstract = 2989818.

Stein, J. C. 1996. Rational capital budgeting in an irrational world. *The Journal of Business*, 69 (4): 429 – 455.

Wang, X. , J. C. Xiong, & J. T. Ou. 2020. Does share pledging affect management earnings forecasts? . *Emerging Markets Finance and Trade*, 1: 1 – 13.

Wang, Y. C. , & R. K. Chou. 2018. The impact of share pledging regulations on stock trading and firm valuation. *Journal of Banking & Finance*, 89: 1 – 13.

Watts, R. L. , & J. L. Zimmerman. 1986. A positive accounting theory. *The Accounting Review*, 65 (5): 455 – 468.

Xu, J. 2019. Relationship between controlling shareholders' participation in share pledging and accounting conservatism in china. *Australian Accounting Review*, https://doi.org/10.1111/auar.12282.

Xu, J. , Y. Zhang, & Y. Xie. 2019. Controlling shareholder's share pledging and firm's auditor choice. *Emerging Markets Finance & Trade*, 56 (4): 750 – 770.

Xu, R. , J. L. Chang, C. G. Li, & W. L. Wang. 2019. Research on the influence of equity pledge on stock price crash risk: Based on financial shock of 2015 stock market crisis. *Economic and Political Studies*, 7 (4): 480 – 505.

Yogesh, C. H. , A. K. Mishra, & R. W. Spahr. 2020. Stock pledging and firm risk: Evidence from India. *Financial Management*, 50 (1): 261 – 280.

Zhang, C. Y. , A. M. Qian, & X. Y. Shi. 2020. The effect of affiliated analysts on stock recommendations: Evidence from share pledges in China. *China Journal of Accounting Research*, 13 (1): 79 – 107.

Zhao, W. L. , Zhang, W. , Xiong, X. , Zou, G. F. , & R. Faff. 2019. Share pledges, tone of earnings communication conferences, and market reaction: Evidence from china. *Accounting & Finance*, 59 (5): 2817 – 2853.

Assets Mispricing, Financing Constraints and Share Pledging

Deshui Ma, Dunli Zhang

Abstract: Based on the situation of share pledging of A-share listed companies in Shanghai Stock Exchange and Shenzhen Stock Exchange from 2007 to 2018, this paper explores the impact of mispricing in capital market on the decision-making of share pledging of controlling shareholders, and examines the difference of the impact of mispricing on the decision-making of share pledging of controlling shareholders under different financing constraints. It found that, when the stock price is overvalued, the controlling shareholders' share pledging enthusiasm increases and the scale of share pledging expands; on the contrary, the controlling shareholders' share pledging enthusiasm decreases significantly and tends to reduce the scale of share pledging. Further tests show that the enthusiasm and scale of share pledging of controlling shareholders increase significantly with the increase of overvalued stock price. For companies with high financing constraints, mispricing has a significant negative impact on controlling shareholders' share pledging willingness and scale, and this negative impact is aggravated with the increasing degree of financing constraints; for companies with low financing constraints, mispricing does not exist significant impact on controlling shareholders' decision-making of share pledging.

Keywords：Controlling Shareholders；Share Pledging；Assets Mispricing；Financing Constraints

第 19 卷，第 2 辑，2020 年

Vol. 19，No. 2，2020

会 计 论 坛

Accounting Forum

工匠精神与新时代文化自信的
注册会计师价值观研究[*]

——基于中国传统文化视角

乔鹏程

【摘　要】新时代文化自信与中国传统文化视角的工匠精神为中国特色注册会计师价值观凝练提供了新的契机。工匠精神的内涵可以界定为工匠个体感知、工匠物理劳动过程、工匠智力与知识和工匠社会环境四个维度。将工匠精神嵌入会计价值观相关概念体系，以构建包含社会文化层、精神意识层、价值判断层、业务操作层和制度他律层的五层注册会计师价值观概念框架，而工匠精神处于精神意识层，通过价值判断层间接影响审计行为。对比工匠精神内涵、注册会计师价值取向、《中国注册会计师职业道德守则》三个体系，凝练工匠精神视角的"重器匠心、道技合一、精益求精、工必尚巧、非利唯艺、忠信辞让"新注册会计师价值观。应用 Gray 和 Hofstede 模型衡量13 个非文化和文化指标对中国传统文化视角注册会计师工匠精神的影响，文章认为需要重视职业历程、制度环境、物质环境、西方职业精神和职业教育这 5 个因素对新时代文化自信下注册会计师工匠精神传承的重要影响。

收稿日期：2019 – 06 – 15

基金项目：国家社会科学基金项目（16CGL013）；陕西省教育科学"十三五"规划课题（SGH20Y1144）

作者简介：乔鹏程，男，博士，西藏民族大学财经学院副教授，硕士研究生导师，474911826@ qq. com。

* 作者感谢审稿人对本文的宝贵意见，但文责自负。

【关键词】工匠精神；文化自信；职业价值观；注册会计师；传统文化

一、引言

新时代文化自信的倡导下，自 2016 年李克强总理提出培育工匠精神以来，工匠精神成为热词。工匠精神（Artisan Spirit）是对敬业精神和职业信仰的追求（李宏伟和别应龙，2015；雷杰，2020；栗洪武和赵艳，2017；石琳，2019；等等）。注册会计师提供"准公共服务产品"和维护公众利益的职业属性（曹强和胡南薇，2019）奠定了他们在社会经济治理中的重要地位，工匠精神不应局限于实体制造业岗位，提供高级专业服务的注册会计师更需要工匠精神视角的职业价值观凝练与传承。蔡春和杨彦婷（2015）认为独立、客观、公平和公正是审计的基本精神追求，《注册会计师行业发展规划（2016~2020 年）》指出，要持续深化注册会计师培养①，而工匠精神正是职业精神内涵的一部分。工匠精神广泛应用于会计价值和审计职业逻辑判断，正向的工匠精神价值观会激发注册会计师强烈的职业使命感和崇高的职业信仰追求，激发不竭的审计行为内驱力，最终影响审计质量。

工匠精神可以从历史、文化、民族、时代和职业等多个维度解读。中国几千年的传统文化价值体系是根植于中国人内心的民族基因，中国提倡社会主义核心价值观，就要传承和升华中国优秀传统文化（习近平，2014）。在会计和审计准则国际化接轨背景下，基于中国传统文化视角凝练工匠精神的注册会计师价值观不是逆潮流而动，而是因为心怀中国文化基因的中国注册会计师需要中国文化的精神激励和价值认同，文章将从中国传统文化视角研究工匠精神的注册会计师价值观。

工匠精神、注册会计师价值观都深受中国传统文化影响，如何界定工匠精神内涵和注册会计师价值观；工匠精神处在注册会计师价值观概念框架的哪个逻辑定位；中国传统文化视角如何将工匠精神与注册会计师价值观结合；注册会计师传承工匠精神面临哪些因素影响：都是本文即将研究的问题。

二、文献回顾与述评

18 世纪以来，人类的"社会行为受精神意识影响"一直是经济学的"经济人假说"产生偏差的根本原因，而工匠精神是人类社会生活中主观意识的一种典型存在。

---

① 《注册会计师行业发展规划（2016~2020 年）》（会协〔2016〕74 号，2016 年 12 月 15 日发布）第二部分，第 4~6 页。

基于经济理论研究，斯密很早就对"市场以外的人类行为和精神意识"进行了研究，但一直到 1949 年行为科学理论（Behavior Science）才正式提出"社会人假说"（Hypothesis of Social Man）。此后，在物质和经济利益之外人类主观精神的影响才被经济学深入研究。基于社会学和心理学视角提出人类的"非理性行为的行为经济学"，Daniel Kahneman 和 Vernon L. Smith 获得 2002 年诺奖标志着经济研究中关于经济行为中的人类复杂精神意识成分成为主流。本文研究是对这一理论研究脉络的拓展。

在职业伦理的文化因素与工匠精神研究方面，文化和宗教信仰对社会规则具有重要影响。在中国传统文化对职业伦理的影响方面，部分学者片面机械地认为儒家思想由于对理想人格要求的全面化（文化、智力、知识、价值和道德等）与现代劳动分工对立而难以存续，因而注定消亡（Joseph，1999）。事实上，中国传统文化在不断蓬勃创新，儒家思想对职业伦理起着重要作用（Franklin，2005）。古志辉（2015）就对 Joseph 提出批评，实证发现儒家伦理对现代经济参与者个体仍有积极作用。综上，国内外对职业伦理及文化因素有深入的多角度研究，国外基于史学和社会学视角的中国传统文化研究成就比较突出，但是国外尚缺乏对中国传统文化视角下的工匠精神的研究，国内学者对中国传统文化的工匠精神与职业伦理的关系持肯定观点。2015 年之前少有研究关注工匠精神及其与文人精神的区别。之后工匠精神研究涌现，认为工匠精神具有重要研究价值，培育工匠精神是在构建社会文化体系和国家软实力。学者对工匠精神内涵、历史传承、失落与当代培育方法、困境展开研究（雷杰，2020；潘墨涛和李寅月，2019）。虽然对工匠精神的基本概念已有深入研究，但会计领域的工匠精神研究尚未展开。

在会计文化与工匠精神研究方面，Williams（2011）认为会计规范深受社会道德规范影响；Hofstede（2015）指出，不同国家的职业文化构成不同职业身份认知和职业边界，最终决定组织文化。Borker（2012）应用四假设模型发现中国具有与发达国家和其他金砖国家都完全不同的会计文化价值属性，说明中国传统文化视角的注册会计师价值观具有区别于其他国家的研究价值。唐衍军和蒋煦涵（2019）认为审计中引入工匠精神培育的元治理逻辑是职业化建设的内在需要。总的来说，虽然国内学者对会计文化研究得甚多，但刘开瑞（2011）计量 359 篇会计文化文献（1990～2008 年）所发现的问题仍然存在：相关研究方法单一，内容过宽或过窄和创新不足，尚待深入。

在会计职业价值观与工匠精神研究方面，由于注册会计师职业精神、价值观和职业信仰等难以量化，在以实证和实验研究范式为主的国外，相关研究较少（Williams，2011；Borker，2012，2013）；国内以规范研究为主。汪寿成、刘明辉和陈金勇（2019）认为审计史表明古代政府审计模式难以产生注册会计师职业道德。魏文享（2007）发现近代注册会计师职业和职业道德与 1840 年后西方传入的公司制度相关；蒋砚章和罗志恒（2012）认为会计伦理对注册会计师利益困境有制衡作用，唐衍军和蒋煦涵

（2019）证明注册会计师伦理决策和价值判断水平远高于企业会计，认为解决当前经济发展与工匠精神式的职业价值观之间矛盾的出路是经济制度环境与职工内在职业价值观自我养成相结合。综上，国内对注册会计师职业道德和职业伦理的研究全面，但对注册会计师职业精神、信仰和价值观等层面的研究较为匮乏。工匠精神研究兴起后，尚缺乏对中国传统文化视角下工匠精神与注册会计师职业价值观的研究。马元驹和杨世忠（2015）凝练出16字注册会计师群体职业价值取向，但在新时代文化自信的倡导下，需要从传统文化视角和工匠精神维度进一步研究注册会计师价值观。

三、概念界定与理论基础

（一）工匠精神内涵界定

2015年后工匠精神的研究不断涌现，董雅华（2020）认为长期受儒家哲学史观引导，国人习惯在圣人和先秦诸子记述和典籍中寻找思想引导。不同文献的工匠精神内涵表述引用了不同思想学派的历史典籍和用词，由于不同学派的精神价值定性及文献侧重点不同，对工匠精神内涵的界定众说纷纭，尚无一致认同的界定。统计CSSCI期刊文献，从2015年8月第一个关于"工匠精神"的文章发表，到2020年10月1日共检索到270篇，从传统文化维度对文献中工匠精神内涵的代表性描述关键词进行归纳，得到12小类核心内涵和进一步归纳的4维内涵表述（见表1）。

表1　CSSCI文献对工匠精神内涵描述的关键词归纳

序号	描述用词	核心内涵	描述视角	分类归纳
1	道技合一（刘丽琴，2019）；实现自我（彭维锋，2019）；德艺兼修（李娟，2019）；循美致善（熊峰和周琳，2019）	人生信仰	终极信仰	工匠个体感知
2	好奇心、持久的工作冲动（王国领和吴戈，2016）	动力来源	个体驱动	
3	高度职业认同（葛宣冲和邸敏学，2019；石琳，2019）；展示个人技能、造大国重器的成就感（雷杰，2020）	职业自豪	个体成就感	
4	眼光长远、师徒相承（张迪，2016）；专注（王晓明和林雪萍，2016）	长期积淀	劳动时间	工匠物理劳动过程
5	认真负责、敬业（石琳，2019）；长期实践、任劳任怨（雷杰，2020）	克服枯燥	劳动艰辛	
6	遵循程序、工作标准、一丝不苟（李宏伟和别应龙，2015；李娟，2019）；法与求（刘丽琴，2019）	重视规则	劳动标准	
7	专一（熊峰和周琳，2019）；全心投入、精益求精（曹前满，2020）；切磋琢磨、专业（齐善鸿，2016）	技术与制造精神	劳动技术	
8	严谨求精（熊峰和周琳，2019）；追求卓越、质量至上、关注细节、精工细作（雷杰，2020）	产品品质	劳动成果	

续表

序号	描述用词	核心内涵	描述视角	分类归纳
9	师道（李宏伟和别应龙，2015）；同行相示其高（雷杰，2020）；授艺传德（熊峰和周琳，2019）	师道精神	知识传承	工匠智力与知识
10	尚巧、不断超越、开放包容、释放创新力、刻意求新、巧与作（刘丽琴，2019）	创新精神	智力创新	
11	造国之重器（雷杰，2020）；社会意识表现（蒋家胜，2019）	精神物化	国家号召	工匠社会环境
12	天人合一（石琳，2019）；民族性格（熊峰和周琳，2019）	人文精神	人文环境	

概念逻辑分析工匠精神内涵的核心是技术（工匠物理劳动过程）和产品（劳动成果的载体）。工匠精神的描述是从技术本质、规则和价值的思考开始，上升到理论、人生和治国层面的精神与思想体系（工匠智力与知识、工匠社会环境和工匠个体感知）构建，最终升华为人生信仰和哲学体系（以技喻道）层面的过程。学者们从不同视角、层面、目标解读和引申工匠精神内涵的这一过程，产生多样化结果。

（二）新时代文化自信的倡导下中国传统文化及会计文化的再认识

工匠精神是中国传统文化情境下职业精神的概括，文化视角是工匠精神研究众多维度中的一个。中国传统文化是一个多元文化的综合体，曹强和胡南薇（2019）认为中国传统文化的根基不是儒家，而是道家思想（儒家不直接从事生产劳动），另外墨家"工匠与学者相结合"的科学推崇精神和技术成就（如鲁班、墨翟及止楚攻宋等）是杰出的。职业精神与工匠技术实践是墨家科学思想体系的来源。先秦时期关于职业、工匠、技术、伦理、价值和治国等的思想百家争鸣，汉代之后儒家独为正统。古志辉（2015）认为1905年科举制度被废止后，儒家失去官方正统思想地位；进一步，陈晓声和韩佶（2016）发现民国初到20世纪60年代由于儒家和道家思想对西方科技文明和科学精神逻辑的冲击反攻无力，墨家科学和工匠思想研究再次兴起。

在新时代文化自信的倡导下，传统文化是中国工匠精神产生的土壤，先秦诸子构建各种思想体系，希望为世俗社会的发展提供道德约制和理论论证的努力与今天为构建社会主义核心价值观而提倡工匠精神和注册会计师价值观凝练异曲同工。因此，应用马克思主义唯物史观并吸收先秦诸子闪耀的思想光辉，结合中国优越的社会主义制度和诞生于西方经济和公司治理制度中的注册会计师职业特点，从工匠精神视角为注册会计师价值观赋予全新的时代内涵，可以为构建中国特色社会主义的职业伦理和文化提供积极的论证和支持。

（三）注册会计师价值观的界定

哲学视角下，价值观是主体指向客体"有用性"的系统看法。偏重操作层面的 2010 年《中国注册会计师职业道德守则》中，"诚信、独立、客观公正、职业胜任能力和保密等"用词都是源于西方文化价值观语境的舶来品。根据 David Hume 的"事实"命题能不能推导出"价值"命题的休谟疑问，基于业务操作层面的守则显然难以发挥精神层面价值观的作用。马元驹和杨世忠（2015）认为即使会计伦理学派也只是强调注册会计师审计报告的真实公允（业务操作层面的要求），不能凝练出思想信仰层面的中国会计文化和具有民族特色的中国注册会计师职业价值观。

回顾注册会计师价值观凝练过程，会计伦理是会计诚信构建的基石（唐衍军和蒋煦涵，2019），1928 年潘序伦总结的 24 字箴言"信以立志、信以守身、信以处世、信以待人……"成为后期立信会计师事务所的立业之本。马元驹和杨世忠（2015）凝练出"公正诚信、廉洁勤奋、受托保密、能力胜任"16 字职业价值取向，取得巨大理论进步。但是，注册会计师仍然缺乏与"希波克拉底誓言"一样理想的在社会价值层面广泛认同的职业誓言和核心价值观。

（四）工匠精神在注册会计师价值观概念框架中的立足点与作用机理

前文确定了工匠精神的内涵界定、会计文化的再认识和注册会计师价值观的界定，在此通过文献研究法确定当代学者对 15 个注册会计师价值观概念的经典定义，将工匠精神逻辑嵌入这 15 个概念，设计成注册会计师价值观概念框架（见图 1）。

注册会计师价值观概念框架可以分为社会文化层、精神意识层、价值判断层、业务操作层和制度他律层。根据前文确定的工匠精神内涵界定，将工匠精神应嵌入精神意识层，并对各层的内容做逻辑分析。

（1）社会文化层。中国传统文化与西方及一切外来文化始终存在冲突与融合，并对亚文化（中国会计文化与审计文化）产生影响，中国当前会计文化与审计文化是中国传统会计文化与西方舶来会计方法结合后衍生又走向国际趋同的结果。

中国传统会计文化是传统文化、经济价值观和理财思想等长期实践形成的，审计文化是长期经济监督审计实践形成的，表现为审计伦理、精神和价值观等相当稳定的行为规范的总和。落后国家的文化意识随着经济强大会经历向外学习、增强、向外传播、回归国家原有传统文化的过程，所以中国当前会计文化与审计文化在习近平"四个自信"理念下在重新焕发出生机。同时，在文化自信的过程中重塑工匠精神的时代内涵，也影响着精神意识层的形成。

（2）精神意识层。工匠精神是社会文化层的细化与外延，注册会计师价值观凝练除受到社会文化层的间接影响和工匠精神的直接影响外，还受到在亚文化（中国会计文化与审计文化）影响下形成的会计精神的影响。工匠精神的作用机理是在精神意识层通过注册会计师影响价值判断层发挥作用。

中国传统文化维度的工匠精神和会计精神共同直接作用于注册会计师价值观凝练。

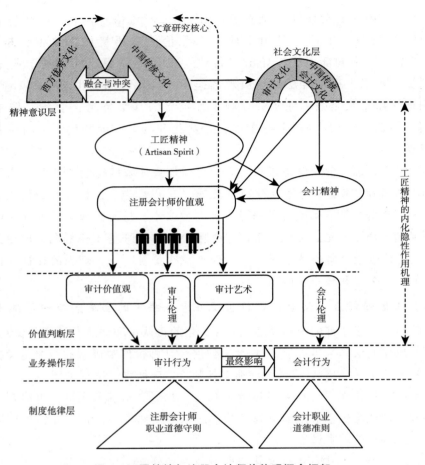

图 1　工匠精神与注册会计师价值观概念框架

在价值判断层，注册会计师价值观经历了从模仿西方到吸收中国工匠精神的创新过程。

（3）价值判断层。注册会计师执行审计需要持续的价值判断，主观价值判断受到注册会计师价值观和会计精神的不自觉指引，注册会计师价值观的作用机理即通过隐性作用于价值判断层对业务操作层传递影响，最终对审计质量产生间接影响；同时通过审计行为间接影响会计行为，向企业和社会商业活动传导价值观和传播工匠精神。

审计价值观和审计伦理都是价值判断层的核心，在注册会计师运用审计准则做价值判断时通过职业胜任能力隐性地发挥主观意识作用。此外，审计技术的创新性和策略性应用表现为审计艺术，是注册会计师才能、经验、知识和素养的综合展现。通过价值判断层的三个概念，工匠精神由抽象到具体，使注册会计师价值观体现到具体审计业务中。

（4）业务操作层。注册会计师依据审计准则对财务报告进行评价的审计行为受到价值判断层及精神意识层（内化隐性主观意识作用）和制度他律层（外在显性制度约束作用）的共同影响。会计人员真实公允地反映会计业务的会计行为同样受到价值判断层和制度他律层的双重影响。作为外部治理力量的注册会计师的审计价值判断必然通过审计行为间接左右会计行为，所以工匠精神和注册会计师价值观通过间接途径影响审计行为和会计行为。

（5）制度他律层。外部制度刚性地约束审计行为和会计行为。作为个体职业行为的普遍化原则的注册会计师职业道德守则是他们与公众签署的关于审计质量的隐性公共合约，与作为会计职业道德规范体系核心的会计职业道德准则及《注册会计师法》和《会计法》等强制性法律制度共同对审计质量提供刚性保障。

四、中国传统文化视角的工匠精神与注册会计师价值观凝练

在新时代文化自信的倡导下，将中国传统文化视角的工匠精神内涵、注册会计师价值取向（马元驹和杨世忠，2015）和《中国注册会计师职业道德守则》（2010 年）三套体系进行对照，凝练注册会计师价值观（见图 2）。

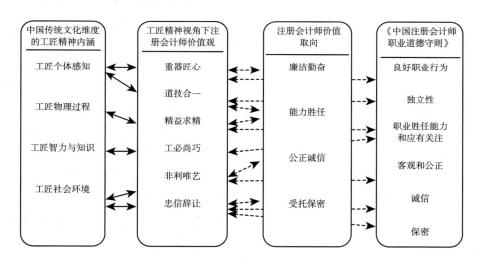

图 2　三个体系对照分析凝练注册会计师价值观

（一）"重器匠心"工匠精神激发注册会计师提升职业胜任能力的内在动力

工匠精神中具有"为国为民忠于祖国"的传统文化内涵，在传统文化的感召下，工匠的终极渴望是造就"国之重器"，重器之梦的基础是高超技艺，"重器匠心"是工匠精神的内驱力，将激发注册会计师通过持续的理论和实践积累提升职业胜任能力，以专业素质为基础的注册会计师胜任能力指在审计实务中依据审计准则合规审计的能力[①]。墨

---

① 《中国注册会计师胜任能力指南》（会协〔2007〕66 号，2007 年 10 月发布）第一章总则，第三条。

家诸子取得辉煌科技成就得因于"重器匠心"梦想并长年身体力行和扎根实践，在新时代文化自信的倡导下，注册会计师心怀重器之梦将克服困难、训练技能和提升职业胜任能力。

墨家工匠拥有刻苦精神和不畏辛苦的极致追求。1936 年潘序伦在《审计学》序言中自述："事务所执行虽届十年，但审计经验仍感缺乏。"注册会计师只有秉承"重器匠心"工匠精神持续学习审计技艺才能在审计服务市场立足。当今注册会计师行业发展面临重大机遇和挑战，只有"重器匠心"的职业成就渴望才能激发注册会计师自觉提升职业胜任能力的无穷内驱力。

（二）"道技合一"工匠精神是注册会计师职业判断能力的终极境界

《易经》中的"一阴一阳之谓道"说的是人类的生命现象和本质合二为一，人必须遵循事物本性及其运动法则。"道"指万物存在运行规则和万物之理，注册会计师的"道"即审计准则。职业判断的神乎其技是优秀注册会计师个体无法被替代的核心竞争力。"职业判断"是指在不确定情况下依据审计准则对复杂困难问题做出审计行为决策。[①]《尔雅》指出"一达谓之道"，"道技合一"工匠精神引导注册会计师超越具体技术去研究和遵循事物规则，探索事物和人生本质。

《庄子·内篇·养生主》中，庖丁释刀对曰"臣之所好者道也，进乎技矣"，工作的过程是个人自我修炼的过程。《论语·为政》中的"君子不器"提醒君子必须防止陷入个别技能而因技忘德，注册会计师要保持审计技术和胜任能力与职业使命和道德信仰同步，防止因技失道。所有技术最终都要遵守一定规则，对审计准则和审计质量要守住底线，"道技合一"观念首先是对"规则"审计准则的敬畏。"道技合一"工匠精神号召个体追求职业判断能力神乎其技，补上这一短板，才能最终实现注册会计师的人生价值和职业理想，引导注册会计师最终实现人生价值。

（三）注册会计师在"精益求精"工匠精神的引导下一丝不苟执行审计程序

《诗经·国风·卫风》中的"如切如磋，如琢如磨"是对工匠精神"精益求精"工作过程描述的文化源头，朱熹将之发展为"治之已精，而益求其精也"。至此"精益求精"一词产生。"精益求精"是对细节追求完美，对品质追求极致，注册会计师应保持职业谨慎性、关注审计细节、做到勤勉尽职[②]，"精益求精"地收集合规充分的审计证据，为发表恰当的审计意见提供证据。

古代工匠精神坚持慢工出细活，长期"甘于寂寞"精工制作。《荀子·荣辱》中有"故仁人在上……百工以巧尽械器"，"尽"即"精益求精"。注册会计师应全身心

---

① 《中国注册会计师职业判断指南》（会协〔2015〕18 号，2015 年 3 月发布）第一章总则，第 3 和第 4 条。

② 《中国注册会计师职业道德守则第 1 号——职业道德基本原则》（会协〔2009〕57 号，2010 年 7 月 1 日起施行）第一章总则，第四条。

地重视每一笔审计业务，克服浮躁作风，通过"精益求精"的审计工作底稿铺就声名远播的个体职业声誉，创建具有国际影响力的中国会计师事务所品牌。

（四）注册会计师的审计技术持续创新与"工必尚巧"工匠精神

《说文解字》释"工"为巧饰也，《春秋公羊传》释"巧心劳手成器曰工"，工首先是"工必尚巧"者，"巧"即工匠的最重要特征。《吕氏春秋·重己》将巧等同于智慧，"倕，至巧也"即创新精神，古代能工巧匠表现出职业技术的革新能力。《注册会计师行业发展规划（2016~2020年）》的基本原则之一是激发广大注册会计师的创新热情、发展意愿和责任意识。[①] 注册会计师职业存在天然的创新需求，职业使命天然需要审计超越会计理论和技术的进步，领先于会计理论和技术的创新。

中国古代著名工匠都因"工必尚巧"创造出不朽作品而为后世推崇，马钧龙骨水车、墨家鲁班的鲁班尺和墨斗、黄道婆新式纺车等都使工匠因划时代的技术创新而被奉为行业祖师。墨家思想比儒家和道家有更彻底的科学思维和勇于创新精神，"工必尚巧"工匠精神将产生无穷的职业创新感召力。谢霖、徐永祚、潘序伦、雍家源、杨汝梅等会计大师都闪烁着会计创新的时代光辉。新时代文化自信的倡导下，注册会计师传承先驱们的"工必尚巧"在审计理论与实践中勇担时代创新使命。

（五）"非利唯艺"工匠精神激发注册会计师服务公众的审计信仰

《周礼·考工记》有言"知者创物，巧者述之，守之世，谓之工"，干将和莫邪"以身赴铜水，血凝剑气"追求精工良剑，"非利唯艺"超越个人私利的职业执着是工匠的使命。注册会计师的职业使命是"维护公众利益和保持职业行为恰当"[②]。墨家的"利于人谓之巧，不利于人谓之拙"认为评价技术和职业成就的标准不是"巧或拙"而是"艺"能否促进社会进步。墨家的最高理想是通过工匠技术实现富民、强国、利民，实现"尚贤、兼爱、非攻、尚同"的理想社会。"非利唯艺"工匠精神要求注册会计师保持重公益、重艺德和献身职业精神，在审计工作中忠于主顾和服务公众利益。

现代人追求技术进步的目的之一是更有效地参与市场竞争，墨家坚持"非攻"和"公利即义"是用技术创新对抗无序竞争和利益之争。道家坚持的"尊道贵德"和"唯道是求"与诞生于西方公司治理理论的"经济人假设"存在重大差别。在"知足"的条件下"非利唯艺"地去追求服务公众对应的是"公利即义"的审计信仰。因此，注册会计师受"非利唯艺"指引，精神上得以超越普通"手艺人"成为关注国家、民族和社会整体利益，坚守"公利即义"的人。

---

① 《注册会计师行业发展规划（2016~2020年）》（会协〔2016〕74号，2016年12月15日发布）第二部分指导思想、基本原则和发展目标，二、基本原则，第6条。

② 《中国注册会计师胜任能力指南》（会协〔2007〕66号，2007年10月发布）第四章职业价值观、道德与态度，第二十九条。

（六）注册会计师恰当审计收费与"忠信辞让"工匠精神

儒家的"忠义"是古代会计的价值观，"义重于利"和"德本财末"引导古代会计追求道义为先、利人为先，即"忠信辞让"。"忠信辞让"工匠精神首先要求注册会计师为客户保密和执业忠诚，遵循墨家主张的"立命不怠事"，恪尽职守本职工作。《史记·游侠列传》中的"其言必信，其行必果"体现了对诺言的坚守。诚信永远是会计文化的核心，注册会计师忠诚于客户并在审计时勤勉尽职既是"忠信"的本分，也是争取业务、获取审计报酬和建立良好职业声誉的根本。

儒家尊重差异与竞争，但坚持"尚辞让，去争夺"，这与墨家坚决主张"非攻"相近。墨翟主张"兼相爱、交相利"义利并重才能长期合作，支持获得合理审计报酬，但主张工匠"节用"，反对铺张浪费和对物质的过度索取。中国注册会计师行业"十二五"时期全行业平均利润率为 11.56%[①]，注册会计师在全社会属高收入群体，道家的"淡泊以明志，宁静以致远"将促使注册会计师适当地约束内心的不当利益驱动，道家反对"巧饰和伪诈"，有助于推动将以审计质量为基础的职业声誉作为收费定价依据。因此，"忠信辞让"提醒注册会计师通过"忠信"获取"辞让"的审计报酬。

五、注册会计师传承工匠精神价值观的影响与制约因素

从计划行为理论（Theory of Planned Behavior）角度看，个体行为并不完全理性，受许多其他因素（经济、市场、制度、文化和行为惩罚、态度、主观规范、知觉行为控制和行为意向等）干扰，人的行为意志控制是在考虑了众多因素后深思熟虑的结果。只有较少的学者（曹前满，2020；潘天波，2019）研究了导致工匠精神难以重建的因素，但是关注层面不同，所以需要系统性地研究。

工匠精神为注册会计师价值观凝练提供了基础，注册会计师价值观是会计价值观的细分，会计价值观又是文化的细分，Hofstede（1980）提出四文化指标模型比较国际文化的差异，作为文化分析基础模型被广泛应用。Borker（2012）应用中国数据基于 Gray（1988）模型对 Hofstede 的社会文化四指标进行实证。

为逻辑性确定影响中国会计价值观的非文化与文化主要自变量和影响方向，首先在非文化（6 个）和文化（6 个）自变量的基础上，比较现有文献主要研究，然后在文献逻辑的基础上增加"中国传统文化维度工匠精神"自变量（达 13 个非文化和文化指标）及注册会计师价值观因变量，并根据肖泽忠、胡国强和袁蓉丽（2013）的分析方法进行了逻辑判断，研究得到影响中国会计价值观和注册会计师价值观的自变量模型的逻辑分析表。

[①]　《"十二五"时期中国会计服务市场发展报告——注册会计师行业分析及展望》，http://www.mof.gov.cn/pub/kjs/zhengwuxinxi/diaochayanjiu/201703/t20170328_ 2570138. html。

表 2　影响中国会计价值观和注册会计师价值观的自变量模型的逻辑分析

非文化与文化的自变量		Gray（1988）会计价值模型				注册会计师价值观
		会计价值依赖职业化判断或法律控制	会计标准执行的灵活性或一致性	会计计量方法选择是保守主义或乐观主义	会计信息披露保密性或透明性	
肖泽忠、胡国强和袁蓉丽（2013）对 Gray（1988）会计价值模型下 6 个非文化因素影响的判断	相对自由主义的社会主义意识形态	偏向法律控制	偏向一致性	偏向保守主义	未知	偏向精神感召
	政治组织集权化	偏向法律控制	偏向一致性	未知	偏向保密性	偏向高压外力
	市场化程度较高	偏向职业化	偏向灵活性	偏向乐观主义	偏向透明性	偏向个体自我
	相对于普通法的成文法国家	偏向法律控制	偏向一致性	未知	偏向保密性	偏向非个性化
	相对于股权融资的以债权融资为主的国家	偏向法律控制	偏向一致性	偏向保守主义	偏向保密性	偏向刚性准则
	财税分离程度高的国家	偏向职业化	偏向灵活性	偏向乐观主义	偏向透明性	偏向强化价值观
Borker（2012）基于 Gray（1988）会计价值模型对 Hofstede（1980）社会文化四指标的中国数据实证	个人与集体间的关系（IDV）：中国偏集体主义文化	偏向法律控制	偏向一致性	偏向保守主义	偏向保密性	偏向群体认同
	社会权力距（PDI）：中国权力距离远	偏向法律控制	偏向灵活性	偏向保守主义	偏向保密性	偏向领导与组织
	人民希望男性气质与女性气质（MAS）：中国男性主导	未知	未知	偏向乐观主义	偏向保密性	偏向合规性弱
	面对不确定性的回避程度（UAI）：中国偏好不确定性	偏向法律控制	偏向灵活性	偏向乐观主义	偏向保密性	偏向模糊与多变
对 Hofstede、Hofstede 和 Minkov（2010）新增文化指标的判断	长期或短期利益趋向（LTO）：中国偏好短期	偏向法律控制	偏向一致性	偏向保守主义	偏向保密性	偏向无序与无力
	放纵或抑制（IVR）：中国偏好抑制	偏向法律控制	偏向一致性	偏向保守主义	偏向保密性	偏向弱化个体
中国传统文化维度工匠精神		偏向职业化	偏向灵活性	偏向保守主义	偏向保密性	偏向积极作用

由表 2 可知，13 个自变量对注册会计师价值观产生不同影响，工匠精神在会计价值模型中也表现出不同偏向。这些逻辑分析结果为注册会计师传承中国传统文化视角的工匠精神价值观的影响因素研究提供了基础逻辑框架和主要指标。但是，肖泽忠、胡国强和袁蓉丽（2013）没有明确表达对于 6 个非文化变量，中国属于哪一类别；Borker（2012）对中国文化调查数据的分析与中国人的直接感知存在个别差异。在此基础上，本文从表 2 中选取或修正指标，确定 5 个对新时代文化自信的倡导下传承工匠精神价值观形成挑战的因素进行研究。

（一）中国注册会计师行业的中断与重建时间短暂影响到工匠精神对源于西方职业精神的注册会计师职业价值观的中国化

据柏拉图《理想国》中的分工理论"按天赋安排职业，集毕生精力于一门精益求精"，分工提高生产效率，注册会计师根据分工理论立足审计职业领域发挥分工产生的独特社会价值。职业发展史会对分工定位和职业价值观产生影响。中国古代所有权与经营权无须分离的小农经济不会产出注册会计师审计。回顾注册会计师职业在西方的诞生到进入中国后的发展历程：1721 年第一位注册会计师查尔斯·斯奈尔因英国"南海事件"财务造假需要独立审计鉴证而诞生，1918 年中国第一位注册会计师被批准执业。由于 1918～1949 年中国经济体制、企业信用机制、现代公司制度和资本市场的不健全，注册会计师执业范围的局限严重制约了中国注册会计师价值观发展。在当时的动荡中，注册会计师很难将古代工匠精神引入审计职业活动并进行凝练与传承。

1949～1980 年注册会计师行业中断，价值观和职业精神难以传承。"文化大革命"期间中国传统文化和工匠精神的传承同样停滞。1980 年恢复注册会计师制度，1988 年中国注册会计师协会成立标志着群体的向心力和价值观传承有组织地展开。1994 年《注册会计师法》奠定了职业的法定地位，2006 年财政部发布的《中国注册会计师鉴证业务基本准则》提供了职业的制度保证。回顾中国注册会计师制度的两段短暂发展历程，两次模仿西方的职业制度建立与三十年中断导致当前注册会计师价值观与中国传统文化视角工匠精神的长期隔膜，使得注册会计师对工匠精神的传承存在挑战。

（二）当代注册会计师物质环境有限同古代工匠艰苦生存条件一样制约着注册会计师对工匠精神的传承与追求

儒家淡化物质，墨家坚信只要有物质技术保障，人人都可成贤才。根据马克思"人的全面发展"学说，旧的劳动分工的物质基础造成了人的片面发展，中国社会主义社会物质保障促使人的精神价值观、个体属性和社会性得到自由全面发展。中国古代工匠精神产生的物质环境与当代注册会计师存在差异。

1918～1949 年，处于经济动荡中的中国注册会计师的物质环境难有保障。民国时期绝大多数中国注册会计师"仍需兼职才能维持生计"，从而难有工匠精神和职业价值观追求。1980 年后注册会计师收入在社会中处于较高位置，相比古代工匠的物质环境，注册会计师工匠精神传承拥有全新物质基础。但近年来注册会计师收入在社会比较中有所下降，工作强度与报酬不成比例，有经验的注册会计师流失严重，事务所缺乏稳定的职业群体和注册会计师职业生命变短影响职业精神层面的价值观和工匠精神传承。

（三）审计在社会经济中重要性的制度安排与古代工匠的社会地位制度安排一样决定着当代注册会计师对传承工匠精神的信心

根据马克思理论"社会制度是影响人全面发展的重要因素"，社会制度对技术职业的定位决定着对这一职业价值观的认同。中国历史上有区分职业高低的社会制度，先秦到汉代限制工商业过度发展以保护农业是基本国策，同时代的法家思想者如管子、商鞅、荀子和韩非子都主张对工匠职业进行打压。秦汉一直存在"农本工末"的社会认识。宋元时期职业十级，匠位第七。《孟子·滕文公章句上》中有"劳心者治人，劳力者治于人"，社会话语权、思辨、理论、价值观和制度等的设计者远离工匠的体力劳动。工匠的劳动价值由于社会制度受到的认可程度低，工匠的精神价值观同样易受到社会制度冷落，工匠也就难以发自内心地追求工匠精神。

会计人是社会人，注册会计师追求工匠精神的动力被社会定位等级所影响。当前制度环境中注册会计师常被喻为"经济警察"，拥有较高的社会地位和职业荣誉。社会制度对审计在社会经济运行中的制度设计决定着注册会计师职业的社会认可度，影响着注册会计师价值观的塑造和对工匠精神的追求。

（四）传统文化下的工匠精神与西方文化中的职业精神在当代注册会计师传承工匠精神中导致产生文化差异与碰撞

不同国家的职业文化构成不同职业身份认知和职业边界，不同的文化背景塑造不同的会计价值观和会计文化观。中国传统文化中的工匠精神前有述及，回顾西方职业文化和职业价值观追求，希望"得到上帝救赎"是西方激发工匠保持长期工作热情的内动力。1517 年，马丁·路德发起的对欧洲宗教的改革确立了《圣经》面前职业平等，工匠以在世间的职业劳动作为修行方式，做好本职工作的"天职"是令上帝满意的唯一方式，"天职"概念成为西方职业精神的源头。

宗教对中国古代文化的影响没有它对西方的影响深远，中国古代工匠更多的是通过宫廷服务向皇权表达忠心。"物格、知至、意诚、心正、身修、家齐、国治、天下平"的个体精神追求是自我职业成长的文化基础。欧洲新教与中国儒家道家思想都试图用终极教义去规划社会生活规则和伦理规范：欧洲新教的"工作伦理"在于培育一批为上帝服务的工具人，而儒家及道家是在建立一种文化上的地位，强调自我完善并适应世界发展。显然，中国传统职业精神文化下的注册会计师对工匠精神价值观的传承受到了东西方职业文化差异的影响。

（五）当代注册会计师群体化职业教育的工匠精神传承形式需要对古代工匠精神的单脉承袭方式进行现代化重构

中国古代的工匠在传授有形技艺的同时"言传身教"地塑造着学徒的价值观和精神意识。"师道精神"成为工匠精神的一部分。现代高等专业教育淡化了师徒间一对一的人身依附关系，职业价值观的传承主要依赖学校和事务所的集体组织教育和传承。现代注册会计师职业升迁与毕业学校或专业教师是谁并不存在重要关联，与古代工匠精神中的师道精神相差甚远。

古代工匠"子承父业"、"师徒相授"和"口传心授"的单脉技术传承方式促使工匠技术传承成为家族内部几代人持续百年或千年的"家族使命"，塑造了几代人对职业技艺坚持不懈的工匠精神。这种封闭传播方式在现代将存在极大的失传风险。现代职业者个性充分张扬等都使家族式工匠精神传承方式失去土壤。这些传承方式的变化对注册会计师价值观传承工匠精神产生了重要影响。

六、结论与建议

会计文化和价值观不仅作用于职业个体，也向社会传递公平正义的经营价值和市场环境理念，有利于构建中国社会主义精神文明。中国传统文化视角的工匠精神对于注册会计师价值观培育和社会经济治理具有重要意义。

工匠精神内涵的核心永远是技术和产品，从技术本质、规则和价值的思考开始，上升到理论、人生和治国层面的精神与思想体系构建，最终升华为人生信仰和哲学体系层面。中国传统文化有旺盛的生命力，鼓励人超越现实，超越内在，表现出人性的光辉，为工匠精神提供了成长土壤，工匠精神为注册会计师价值观凝练赋予了全新的时代内涵，将得到社会各个价值层面的广泛认同。将工匠精神嵌入注册会计师价值观相关概念体系可形成分为社会文化层、精神意识层、价值判断层、业务操作层和制度他律层的注册会计师价值观概念框架，工匠精神处于核心位置。中国传统文化视角下工匠精神与相对新生的注册会计师职业相结合，可以通过长期倡导工匠精神对注册会计师职业价值观产生正面感召。在物质报酬激励之外，将注册会计师的职业价值观上升为崇高的人生信仰，激发他们无穷的工作动力。

中国传统文化在今天的社会主义市场经济环境中正在不断地变化，在新时代，工匠精神需要被赋予新的内涵。中国传统文化视角的工匠精神凝练成新的注册会计师价值观"重器匠心、道技合一、精益求精、工必尚巧、非利唯艺、忠信辞让"。新时代文化自信的倡导下，注册会计师的工匠精神价值观传承会面对许多因素的影响与挑战。需要重点关注职业历程、制度环境、物质环境、西方职业精神和职业教育五个因素对当代注册会计师传承工匠精神价值观的影响与制约。

参考文献

蔡春，杨彦婷．2015．法治精神与审计理论创新．审计研究，5：3 – 7.

陈晓声，韩佶．2016．墨家学说的兴衰及其现代性价值．学术探索，4：1 – 6.

曹前满．2020．新时代工匠精神的存在逻辑：载体与形式．暨南学报（哲学社会科学版），2：1 – 12.

曹强，胡南薇．2019．审计师子群体地位与审计质量．会计研究，8：88 – 94.

董雅华．2020．工匠精神的当代价值及其实现路径．现代教育管理，3：85 – 90.

葛宣冲，邸敏学．2019．论主体意识对工匠精神的作用机理．江西社会科学，2：217 – 223.

古志辉．2015．全球化情境中的儒家伦理与代理成本．管理世界，3：113 – 123.

蒋家胜．2019．新时代社会主义敬业文化的新内涵、新价值与新路径．思想理论教育导刊，12：127 – 131.

蒋砚章，罗志恒．2012．利益与伦理制衡下的会计行为研究．甘肃社会科学，4：192 – 195.

雷杰．2020．为工匠精神培育提供有力文化支撑．人民论坛，2：136 – 137.

李宏伟，别应龙．2015．工匠精神的历史传承与当代培育．自然辩证法研究，8：54 – 59.

李娟．2019．农业劳动者职业转型中工匠精神的法律塑造．西北农林科技大学学报（社会科学版），2：57 – 64.

栗洪武，赵艳．2017．论大国工匠精神．陕西师范大学学报（哲学社会科学版），1：158 – 162.

刘开瑞．2011．中国会计文化研究的主要议题和核心观点——基于 CJFD 1990—2008 年的数据分析与研究．华东经济管理，7：103 – 108.

刘丽琴．2019．新时代下墨子工匠精神的价值意蕴及其启示．湖南社会科学，5：158 – 163.

马元驹，杨世忠．2015．注册会计师职业群体价值取向探讨．审计研究，6：94 – 99.

潘墨涛，李寅月．2019．"匠人政府"的源流演进、系统内涵与当代建构．理论探索，5：81 – 89.

潘天波．2019．工匠精神与优才制度的悖论——兼及经济转型中现代职业教育的技术适应．西南民族大学学报（人文社科版），4：220 – 226.

彭维锋．2019．习近平总书记关于劳模精神的重要论述研究．山东社会科学，4：154 – 163.

齐善鸿．2016．创新的时代呼唤"工匠精神"．道德与文明，5：5 – 9.

石琳．2019．中华工匠精神的渊源与流变．文化遗产，2：17 – 24.

唐衍军，蒋煦涵．2019．国家审计职业化建设中工匠精神的协同培育——基于元治理理论视角．江西社会科学，8：217 – 224.

汪寿成，刘明辉，陈金勇．2019．改革开放以来中国注册会计师行业演化的历史与逻辑．会计研究，2：35 – 41.

王国领，吴戈 . 2016. 试论工匠精神在现代中国的构建 . 中州学刊，10：85 – 88.

王晓明，林雪萍 . 2016. 正本清源论工匠精神 . 中国发展观察，12：32 – 34.

魏文享 . 2007. 昭股东之信仰：近代职业会计师与公司制度 . 华中师范大学学报，7：74 – 83.

习近平 . 2014. 青年要自觉践行社会主义核心价值观——在北京大学师生座谈会上的讲话 . 新华网，
05 – 04.

肖泽忠，胡国强，袁蓉丽 . 2013. 非文化会计环境因素对会计价值的影响 . 会计研究，4：12 – 19.

熊峰，周琳 . 2019. "工匠精神"的内涵和实践意义 . 中国高等教育，10：61 – 62.

张迪 . 2016. 中国的工匠精神及其历史演变 . 思想教育研究，10：45 – 48.

Borker, D. R. 2012. Accounting, culture, and emerging economies：IFRS in the BRIC countries. *Journal of Business & Economics Research*, 13（5）：313 – 324.

Borker, D. R. 2013. Accounting and cultural values：IFRS in 3G economies. *International Business & Economics Research Journal*, 12（6）：671 – 686.

Franklin, A. 2005. Law, finance, and economic growth in China. *Journal of Financial Economics*, 77（1）：57 – 116.

Gray, S. J. 1988. Towards a theory of cultural influence on the development of accounting systems internationally. *Abacus*, 24：1 – 15

Greif, G. 1994. Cultural beliefs and the organization of society：A historical and theoretical reflection on collectivist and individualist societies. *Journal of Political Economy*, 102（5）：912 – 950.

Hofstede, G. 1980. *Culture's Consequences：International Differences in Work-Related Values*. Beverly Hills, C. A.：Sage.

Hofstede, G. 2015. Dimensionalizing cultures：The Hofstede model in context. *Online Readings in Psychology and Culture*, 2（1）：8 – 12.

Hofstede, G. , Hofstede, G. J. , Minkov, M. 2010. Cultures and organizations：Software of the mind, 3rd ed. New York, London：McGraw-Hill.

Joseph, R. 1999. Ethical currents. *Anthropology News*, 40（8）：19 – 19.

Williams, P. F. 2011. Accounting and the moral order：Justice, accounting, and legitimate moral authority. *Accounting & the Public Interest*, 2（1）：1 – 21.

Research on CPA Values of Craftsman Spirit and Cultural Confidence in the New Age —From the Perspective of Chinese Traditional Culture

Pengcheng Qiao

Abstract：The artisan spirit from the perspective of Chinese traditional culture provides a new opportunity for the reform of the CPA values. The connotation of the artisan spirit can be defined as the four dimensions of the artisan's individual perception, the artisan's physical labor process, the artisan's intelligence and knowledge, and the artisan's social environment. We take the artisan spirit embed in the concept system of accounting concepts and related to the concept to build a framework. In this framework includes social and cultural layer, the spirit of consciousness layer, the value of judgment slayer, business operations layer and external constraint layer. The artisan spirit is located in the spiritual consciousness layer, which indirectly affects the audit behavior through the value judgment layer. By comparing the connoisseurs of artisan spirit, the CPA value orientation and the CPA's Code of Ethics, we built into a new CPA's Values. This paper uses Gray and Hofstede model to measure the influence of 13 indicators on the artisan spirit. The article thinks that the five factors are necessary to attach importance to CPA to pass the artisan spirit, such as career course, institutional environment, material environment, western professionalism, and vocational education.

Keywords：Artisan Spirit；Cultural Confidence；Professional Values；CPA；Traditional Culture

《会计论坛》撰稿须知

　　《会计论坛》是由中南财经政法大学会计研究所主办的会计类专业学术理论刊物，于 2002 年 5 月创刊，主要刊载会计、财务与审计领域里的最新理论研究成果，同时也兼顾实务性的有价值的研究成果，热忱欢迎国内外作者赐稿。为方便作者撰稿，特做如下约定。

　　1. 来稿要求。来稿须观点鲜明，主题突出。本刊适用的文章大致有以下三个方面的基本要求：第一是学术性，即要有新观点、新思路、新方法和新资料；第二是思想性，即要有一定理论水平和较强思辨性；第三是前沿性与导向性，即要能够充分关注和反映会计学界最前沿的理论动态和信息，如介绍和宣传会计学界较有影响的科研学术信息和观点综述以及会计领域某一学科的发展研究报告等。

　　2. 来稿篇幅。学术论文一般控制在 15000 字左右（含注释与参考文献）。

　　3. 来稿信息。应包括两个方面的内容。

　　（1）基本信息。含作者署名、工作单位、作者简况（姓名、出生年月、籍贯、学位、职称、现工作单位、主要职衔、主要研究方向和主要科研成果等重要信息）、通信地址、电话、传真、电子信箱等；若系基金资助项目，请注明项目的名称、来源与编号。

　　（2）学术论文。应包括以下 8 个方面的内容。

　　①论文标题（不超过 20 个汉字，中英文）。

　　②作者署名（中英文）。

　　③论文摘要（300 字以内，中英文）。

　　④关键词（3~5 个，中英文）。

　　⑤正文。采用文科编排规范，其一级标题标号为"一、""二、"……，二级标题标号为"（一）""（二）"……，三级标题标号为"1.""2."……。文中图、表和公式均用阿拉伯数字连续编号，如图 1、图 2 和表 1、表 2，以及（1）（2）等。图和表应有简短确切的名称，图号图名应置于图下，表名表号置于表上，公式号置于右侧。

　　⑥附注。采用页下注形式，每页重新编号。

　　⑦参考文献。请列于文末，具体要求如下。

　　A. 列示范围。仅限于作者直接阅读过的、引用在论文中的文献。

B. 引用方式。论文中引用参考文献的，应使用"著者－出版年制"，如："会计法律制度体系建立问题决非一个单粹孤立起来从会计职业或专业本身所考虑与设计的问题"（郭道扬，2001）。对于在论文中所提及的参考文献，应当与文末所列的中外参考文献一一对应。

C. 列示顺序。基本要求为中文在前，英文在后，中文文献按第一作者姓氏的拼音为序排列，英文及其他西文文献按第一作者姓氏的字母顺序排列，第一作者相同的文献按发表的时间先后顺序排列，同一作者同一年份内的文献多于 1 篇时，可在年份后加 a、b 等字母加以区别，如 1999a、1999b 等。

D. 排列格式。基本要求如下。

期刊：著者．出版年．题（篇）名．刊名，卷（期）：页码．

书籍：著者．出版年．书名．版本．出版地：出版者，页码．

论文集：著者．出版年．题（篇）名．见（in）：论文集编者．文集名．出版地：出版者，页码．

⑧鸣谢及其他信息。主要是表达对论文形成过程相关支持者的感谢及其他信息。

4. 来稿采用。来稿经采用后，将酌付稿酬，并赠样刊两本。为适应我国信息化建设，扩大本刊与作者知识信息交流渠道，本刊已被中国知网、万方数据、维普资讯和超星等全文数据库收录，其作者文章著作权使用费与本刊稿酬一次性给付。作者向本刊投稿的行为即视为同意我刊上述声明。

5. 收稿地址。湖北省武汉市东湖高新技术开发区南湖大道 182 号，中南财经政法大学会计学院（南湖校区文泉楼 A607 室）《会计论坛》编辑部；邮政编码：430073。欢迎用电子信箱投稿，电子信箱：kjltzuel@ foxmail. com。

图书在版编目（CIP）数据

会计论坛. 2020 年. 第 19 卷. 第 2 辑 / 中南财经政法
大学会计研究所编. -- 北京：社会科学文献出版社，
2021.4
　　ISBN 978 - 7 - 5201 - 8233 - 1

　　Ⅰ. ①会… 　Ⅱ. ①中… 　Ⅲ. ①会计学 – 文集 　Ⅳ.
①F230 – 53

　　中国版本图书馆 CIP 数据核字（2021）第 067168 号

会计论坛（第 19 卷，第 2 辑，2020 年）

编　　者 / 中南财经政法大学会计研究所

出 版 人 / 王利民
责任编辑 / 田　康

出　　版 / 社会科学文献出版社·经济与管理分社（010）59367226
　　　　　　地址：北京市北三环中路甲 29 号院华龙大厦　邮编：100029
　　　　　　网址：www. ssap. com. cn
发　　行 / 市场营销中心（010）59367081　59367083
印　　装 / 三河市东方印刷有限公司

规　　格 / 开　本：787mm × 1092mm　1/16
　　　　　　印　张：8.75　字　数：183 千字
版　　次 / 2021 年 4 月第 1 版　2021 年 4 月第 1 次印刷
书　　号 / ISBN 978 - 7 - 5201 - 8233 - 1
定　　价 / 78.00 元

本书如有印装质量问题，请与读者服务中心（010 – 59367028）联系